Auch! Deutsch! 1

ROSI McNAB • ALAN O'BRIEN

HEINEMANN

Heinemann Educational Publishers
Halley Court, Jordan Hill, Oxford OX2 8EJ
A Division of Reed Educational & Professional Publishing Ltd

OXFORD MELBOURNE AUCKLAND
JOHANNESBURG BLANTYRE GABORONE
IBADAN PORTSMOUTH (NH) USA CHICAGO

First published 1993

99 00 01 02 10 9

A catalogue record is available for this book from the
British Library on request

ISBN 0 435 38620 4

Produced by Ken Vail Graphic Design

Illustrations by Mike Badrocke, Judy Brown, Blackman Doyle
Simon Girling & Associates (Peter Wilks),
Graham-Cameron Illustration (Susan Hutchison, Brian Lee
and Pat Murray), Nick Hawken, Jan Lewis, Pauline Little,
Sylvie Poggio Illustration (Nick Duffy), Julie Sailing-Free, Dennis Tinkler.

Cover photo by Image Bank.

Reproduction by Monarch LithoGravure Ltd. Bristol.

Printed and bound in Spain by Mateu Cromo

Inhalt

Hallo!

1 ▸ Wir lernen uns kennen!

Schottland

Dänemark

Irland

Wales England
Holland
Belgien

Deutschland

Frankreich

Österreich

Schweiz

Italien

Portugal

Spanien

1 Arbeitet in Gruppen! Wo spricht man Deutsch?

Anna   Hans   Andrea   Martin   Jutta   Peter

2 Wer spricht? (*Who is speaking?*)

3 Wie heißt das auf englisch? (*How do you say that in English?*)

a (Wie heißt du?)   **b** (Guten Tag!)   **c** (Ich heiße ...)   **d** (Tschüß!)

e (Mein Name ist ...)   **f** (Auf Wiedersehen!)   **g** (Ich bin ...)

eins zwei drei vier fünf sechs

4a Hör zu und wiederhole … *(Listen and repeat …)* die Zahlen von eins bis sechs …

4b … und schreib sie auf! *(… and write them down.)*

4c Falsch oder richtig? *(True or false?)*

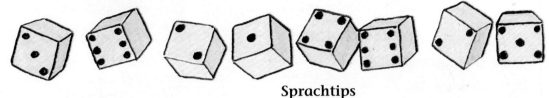

5 Spielt in Gruppen! *(Play in groups.)*
Würfelspiel

Take turns to throw the dice and say the number.

Sprachtips

Ja, richtig. = *Yes, that's right.*
Nein, das ist falsch. = *No, that's wrong.*
Du bist dran. = *It's your turn.*

Who do you think these characters are? Can you find the German word for 'grandmother'?

Zu Hause

Find out something about one of these famous people from German-speaking countries: the Brothers Grimm, Mozart, William Tell, Beethoven or Carl Benz.

Deutsch!

2 In der Schule

*Ich heiße Natalie Lange.
Ich bin zwölf Jahre alt
Ich gehe in die Klasse 6a
der Konrad-Adenauer-Schule.*

*Mein Name ist Andreas Fischer.
Ich bin 11 Jahre alt.
Ich gehe auch in die Klasse 6a
in der Konrad-Adenauer-Schule.*

1 Hör zu! *(Listen.)*

2a Hör zu und wiederhole!

1 2 3 4 5 6 7 8 9 10 11 12

2b Singt mit! *(Sing the song.)*

Ich habe …

ein Pony   zwei Pudel   drei Hunde   vier Hamster

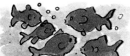   

fünf Fische   sechs Vögel   sieben Katzen   acht Kaninchen

neun Mäuse   zehn Meerschweinchen   elf Schildkröten   zwölf Schlangen

3a Wie heißt das auf englisch?

Packt eure Sachen aus!

Alles einpacken!

Setzt euch!

Stühle anrücken!

Ruhe!

Stühle hochstellen!

3b Klassenspiel *(Class game)*: Simon sagt

4a Und du? Wie heißt das auf englisch?
*Find out what these phrases mean and
start to keep a list of useful phrases.*

Darf ich bitte auf die
Toilette gehen?

Wie sagt man das
auf englisch?

Wie bitte?

Ich verstehe nicht.

4b *Do you already know any more words
or phrases to add to your list?*

Was sind zehn Packen weniger neun Packen?

Antwort: Einpacken!

Zu Hause

Schreib die Fragen ab und beantworte sie! *(Write out the questions and answer them.)*

Wie heißt du?	Ich heiße …
Wie alt bist du?	Ich bin …
In welche Klasse gehst du?	In die Klasse …

3 Im Klassenzimmer

In meinem Etui habe ich...

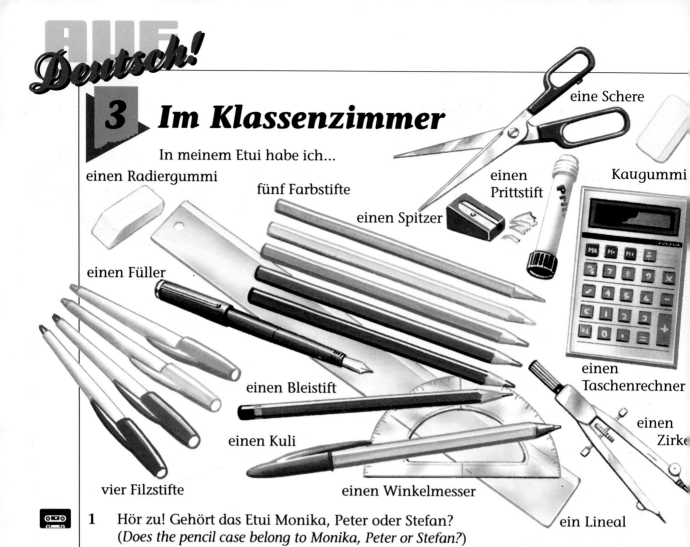

einen Radiergummi

fünf Farbstifte

eine Schere

einen Prittstift

Kaugummi

einen Spitzer

einen Füller

einen Bleistift

einen Kuli

vier Filzstifte

einen Winkelmesser

einen Taschenrechner

einen Zirke[l]

ein Lineal

1 Hör zu! Gehört das Etui Monika, Peter oder Stefan?
(*Does the pencil case belong to Monika, Peter or Stefan?*)

a	b	c
		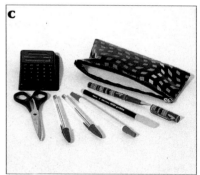

2 Frag deinen Partner/deine Partnerin: Hast du ein... in deinem Etui?

> Ja, hab' ich! = Yes, I have
> Nein, das nicht = No, I haven't got that

Jetzt noch mal – aber ohne das Buch!

3 Kartenspiel. Hast du...?

4 Was hat Ingo in seinem Etui? Mach eine Liste!
(What does Ingo have in his pencil case?
Make a list.)

Ingo hat...

5 Spielt in Gruppen! *(Play in groups.)*

Memoryspiel: Jeder sagt, der Reihe nach, was er möchte, und fügt
immer etwas hinzu! Bloß keinen Fehler machen!

(Memory game: Take it in turns to ask for something, each person
adding something else to the list. Don't make any mistakes!)

Zum Beispiel: Hast du einen Kuli?

6 Farben!

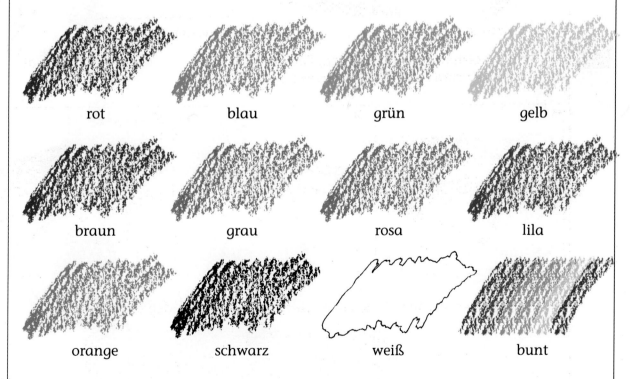

rot	blau	grün	gelb
braun	grau	rosa	lila
orange	schwarz	weiß	bunt

7 Partnerspiel. Welche Farbe?

Zu Hause

Was hast du in deinem Etui? Mach eine Liste!
(Make a list of the contents of your pencil-case.)

4 Im Klassenzimmer (2)

Für die Schule habe ich ...

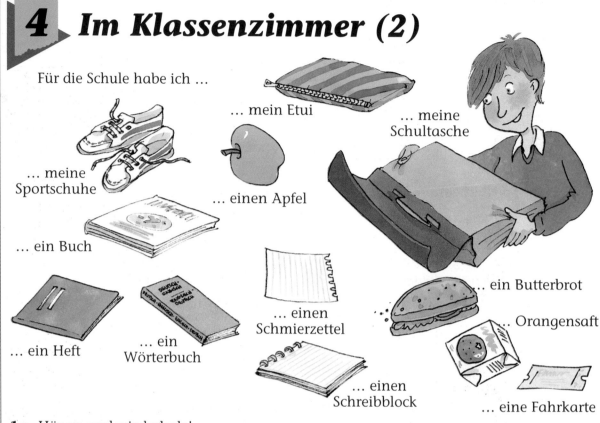

... meine Sportschuhe

... mein Etui

... meine Schultasche

... einen Apfel

... ein Buch

... ein Heft

... ein Wörterbuch

... einen Schmierzettel

... einen Schreibblock

... ein Butterbrot

... Orangensaft

... eine Fahrkarte

1a Hör zu und wiederhole!

1b Was haben sie in ihren Schultaschen?

1c Zeichne die Bilder und beschrifte sie!
(Draw the pictures and label them.)

Lerntip

When speaking to your teacher or an older person you say: Haben Sie ...?
instead of: Hast du ...?

2a Rollenspiel *(Role play)*. Übe die Dialoge mit einem Partner/einer Partnerin!
(Practise these conversations with a partner.)

Hast du/Haben Sie ...?

Wie bitte?

....

Ja, bitte schön.

Danke schön.

Nein, es tut mir leid. Frag jemand anderen!

2b Und jetzt schreib drei Dialoge auf! *(And now write down three of the conversations.)*

3a Lehrersprache *(Teacher talk)*

3b Hört zu und führt die Befehle aus! *(Listen and follow the instructions.)*

Zwischentest 1

I can …

■ say hello and goodbye
■ ask someone their name and age
■ say who I am and how old I am
■ say what I have in my pencil case and school bag
■ ask someone for something
■ say 'I don't understand', 'Pardon?', 'How do you say … in English?'
■ count to 12 and name three countries where German is spoken

5 Große Pause!

1 Ein Brettspiel

ein Würfel

eine Figur

das Spielbrett

Hallo!
Guten — ?
Wie du?
Ich nicht.
ZIEL!
Auf
drei Felder
ein Feld
Ich es nicht.

Du kannst einen Radiergummi , eine Münze

eine Reißzwecke oder eine Büroklammer als Figur benutzen.

Sprachtips

> Wer ist jetzt dran? = *Whose turn is it?*
> Ich bin dran. = *It's my turn.*
> Nein, das stimmt nicht. = *No, that's not right.*
> Ja, das stimmt. = *Yes, that's right.*
> Rücke ein Feld. = *Move one square.*
> Gehe ein/zwei Felder vor/zurück . = *Move one/two squares forward/back.*
> Du mußt die Farbe nennen. = *You have to name the colour.*

Anleitung (*Instructions*)

- ■ Bei rot müßt ihr die Farbe nennen.
- □ Bei gelb müßt ihr die Nummer nennen.
- ■ Bei grün müßt ihr den Gegenstand nennen.
- ■ Bei blau müßt ihr den Satz vervollständigen.

> die Farbe = *the colour*
> der Gegenstand = *the thing*
> vervollständigen = *to complete*
> benutzen = *to use*
> nennen = *to name*

6 ▸ Das Alphabet

A B C D E F G H I J K L M N O P Q R S T U V W X Y Z

ä ö ü ß

1a Hör zu …

1b … und wiederhole!

1c Partnerarbeit *(Working with a partner)*:
Wie lauten die Buchstaben? *(What do the letters sound like?)*

2a Hör zu und wiederhole!

Lerntip

Listen to the letters again and write down what you think the letters sound like. Which ones do you think are going to be easy to remember … and which are going to be the most difficult? Can you think of any ways to remember the difficult ones?

Apfel   Banane   CD   Drachen   Elefant   Frosch   Glas

Hund   Iglu   Junge   Katze   Löwe   Mädchen

Nuß   Orange   Pudel   Quizmaster   Ratte   Skelett   Tiger

UFO   Volkswagen   Wasser   Xylophon   Yacht   Zebra

Und vergiß nicht: ä ö ü ß (ess-tset)!

2b Partnerarbeit

Beispiel *(Example)*:

A wie ?

A wie Apfel.   K ?

K wie Katze.   Z ? usw.

3 Wie heißen sie und wo wohnen sie? (1–8)

4 Namenspiel

Jeder bekommt eine Karte mit einem Namen
drauf. Ihr müßt herumgehen und
herausfinden wie eure Mitschüler heißen.
(Everyone gets a card with a name on it.
Find out what your classmates are called.)

Sprachtips

Wie heißt du?
Wie schreibt man das?
Wie bitte?
Langsamer bitte! = *Slower, please.*
Nochmal! = *Again.*

5a Wie sagt man das auf englisch? (1–8)

5b Partnerarbeit: Wie sagt man das auf deutsch?

Beispiel:

> Wie sagt man <u>cat</u> auf deutsch?

> Katze.

> Wie schreibt man das?

> K A T Z E. Wie sagt man <u>book</u> …

6 Singt mit!

A B C D E

Mein Kopf tut mir so weh!

F G H I J K

Der Doktor, der ist da!

L M N O

Jetzt bin ich froh!

P Q R S T

Ich trinke ein Glas Tee!

U V W X

Jetzt fehlt mir nichts.

Y Z

Ich gehe jetzt ins Bett.

7 Ich sehe was, was du nicht siehst, und es beginnt mit …

Zu Hause
Übe das Alphabet!

üben = *to practise*

7 Der Kalender

Die Wochentage

Montag **Dienstag** Mittwoch Donnerstag **Freitag** *Samstag **Sonntag**

*In some parts of Germany some people use the word 'Sonnabend' (Sunday eve) instead of 'Samstag'.

1a Hör zu und wiederhole!

1b Welchen Tag haben wir heute? *(What day is it today?)*

1c Partnerarbeit: Welchen Tag haben wir?

Di **Fr** **Do** **Sa** **Mi** **So** **Mo**

2a Hör zu und wiederhole!

Die Zahlen 0–31

0 null	11 elf	22 zweiundzwanzig
1 eins	12 zwölf	23 dreiundzwanzig
2 zwei	13 dreizehn	24 vierundzwanzig
3 drei	14 vierzehn	25 fünfundzwanzig
4 vier	15 fünfzehn	26 sechsundzwanzig
5 fünf	16 sechzehn	27 siebenundzwanzig
6 sechs	17 siebzehn	28 achtundzwanzig
7 sieben	18 achtzehn	29 neunundzwanzig
8 acht	19 neunzehn	30 dreißig
9 neun	20 zwanzig	31 einunddreißig
10 zehn	21 einundzwanzig	*usw. = undsoweiter = *etc.*

2b Welche Zahlen hörst du, **a** oder **b**?

a 3 **b** 13   **a** 4 **b** 24   **a** 17 **b** 27   **a** 10 **b** 17   **a** 16 **b** 6

a 29 **b** 19   **a** 12 **b** 2   **a** 15 **b** 25   **a** 11 **b** 12   **a** 30 **b** 13

2c Partnerarbeit

Lies eine Zahl vor, und dein Partner/deine Partnerin schreibt **a** oder **b** auf.
*(Read out a number and your partner writes down **a** or **b**.)*

Die Monate

Juli   Februar   **Mai**   April   September   März

Januar   Dezember   August   Juni   Oktober   **November**

3a Rate mal! *(Guess.)*
Bring die Monate in die richtige Reihenfolge. *(Put the months in the right order.)*

3b Hör zu und wiederhole!

4a Wann hat Barbara Geburtstag? *(When is Barbara's birthday?)*

1	Susanne	a	22.7
2	Marianne	b	8.8
3	Uli	c	14.10
4	Manfred	d	10.9
5	Silke	e	5.4
6	Renate	f	19.1
7	Florian	g	11.5
8	Marc	h	27.2
9	Reinhard	i	16.11
10	Carsten	j	3.3
11	Karin	k	21.12
12	Barbara	l	25.6

Sprachtips

Susanne hat	am	ersten/zweiten/dritten/vierten/ zwanzigsten/einundzwanzigsten/ dreißigsten usw.	Juli	Geburtstag.

4b Partnerarbeit: Wann haben sie Geburtstag?
Übe mit einem Partner/einer Partnerin.

> Wann hat Silke Geburtstag?

> Am dritten März.

4c Mach eine Umfrage! *(Do a survey.)*

> Wann hast du Geburtstag?

> Mein Geburtstag ist am ersten/zweiten März.

Zu Hause

Löse Aufgabe 4a schriftlich. *(Write the answers to exercise 4a.)*

Susanne hat am … Geburtstag.   usw.

Lerntip

When asking your teacher or an older person you have to say:
Wann haben **Sie** Geburtstag?

Auf Deutsch!

8 ▶ Brieffreunde

Hallo Ingrid!

Ich heiße Julie. Ich bin elf Jahre alt und ich wohne in Stirling. Das liegt im Norden, in Schottland.

Deine Julie

Lieber Kevin!

Ich heiße Rolf und ich werde am fünfundzwanzigsten November zwölf. Ich wohne in Leipzig, in Ostdeutschland.

Tschüß!

Rolf

Liebe Tracy!

Ich bin die Gabi. Ich wohne in Hamburg, in Norddeutschland. Ich bin dreizehn Jahre alt. Ich schwimme gern und sehe gern fern.

Schreib bald!

Gabi

Liebe Michelle!

Ich heiße Bärbel und ich wohne in Salzburg. Das ist in Österreich. Ich bin dreizehn Jahre alt. Ich spiele gern Gitarre und ich sehe gern fern. Hast Du ein Hobby?

Tschüß!

Bärbel

Lieber Andrew!

Ich heiße Ingo. Ich bin zwölf Jahre alt und wohne in Wien. Weißt Du wo das ist? Das ist in Österreich. Meine Hobbys sind Fußball und Tennis. Hast Du Hobbys?

Dein Ingo

Meine Hobbys sind:

 Fernsehen

 Tennis

 Fußball

 Musik

 Schwimmen

 Tanzen

 Lesen

 Radfahren

 Reiten

 Gymnastik

1 Was weißt du? *Who …*

a *lives in Hamburg?*
b *has their birthday in November?*
c *lives in Vienna?*
d *likes playing football and tennis?*
e *likes swimming and TV?*
f *likes playing the guitar?*
g *is thirteen?*
h *is Julie writing to?*
i *lives in Salzburg?*
j *is Kevin's penfriend?*
k *is eleven?*

2 Wer spricht? *(Who's talking?)* (1–4)

3 Jetzt bist du dran!
Lies den Brief und schreib eine Antwort. *(Read the letter and write a reply.)*

Hamburg, den 15. September

Lieber Brieffreund! Liebe Brieffreundin!

Ich heiße Sonja. Ich bin zwölf Jahre alt und wohne in Hamburg, in Norddeutschland. Mein Geburtstag ist im September. Meine Hobbys sind Schwimmen, Lesen, Fußball und Radfahren. Wie heißt Du? Wie alt bist Du?

Wann hast Du Geburtstag? Was sind Deine Hobbys?

Schreib bald wieder!

Sonja

Schreib bald wieder! = Write back soon.

Lerntips

Head the letter like this: Southampton, den 25. September
Don't forget the full stop after the number!

What are the two words for 'dear'?
When do you think you use which?
What do you put after the name?
How can you finish the letter off?

Zu Hause Vervollständige den Brief!

5

9 Lernzielkontrolle

I can …

1	introduce myself, say how old I am and when my birthday is:	Hallo, ich heiße …, ich bin … Jahre alt und mein Geburtstag ist am …
2	ask someone their name, age and birthday:	Wie heißt du? Wie alt bist du? Wann hast du Geburtstag?
3	ask someone where they live:	Wo wohnst du?
4	ask someone to spell something:	Wie schreibt man das?
5	ask what something is called in German/in English:	Wie sagt man das auf deutsch/auf englisch?
6	say I don't understand:	Ich verstehe nicht.
7	ask someone to speak more slowly:	Langsamer, bitte.
8	ask someone to repeat something:	Wie bitte? Nochmal!
9	say it's my turn:	Jetzt bin ich dran.
10	say something is right/wrong:	Ja, das stimmt/Nein, das stimmt nicht.
11	ask for something (e.g. a calculator):	Hast du/Haben Sie einen Taschenrechner?
12	ask what page it is:	Welche Seite?
13	say the alphabet and spell words.	
14	count to 31.	
15	name the days and the months.	

Wiederholung

A Hören

1 Welche Zahl? (1–10)

2 Tag oder Monat? (1–10)

3 Wie heißen sie? (1–5)

4 Was brauchen sie? (1–5)

a

b

c

d

e

B *Lesen*

1 Was hat Martin in seiner Tasche? Schreib die Zahlen auf!

Ich habe …

ein Etui

ein Buch

meine Sportschuhe

einen Apfel

ein Heft

einen Schreibblock

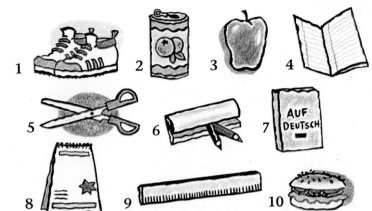

2 Was weißt du über Robert?

Name: ....

Alter: ....

Wohnort: ....

Hobbys: ....

....

Duisburg, den 1. Oktober

Lieber Brieffreund!/Liebe Brieffreundin!

Ich heiße Robert Mölleken. Ich bin elf Jahre alt. Ich habe am 10. Januar Geburtstag. Ich wohne in Duisburg, das ist an der Ruhr. Ich spiele gern Fußball und ich reite gern. Was ist Dein Hobby?

Schreib bald wieder!

Tschüß, Robert

C *Schreiben*

1 Beschrifte die Bilder!

a b c d e

2 Schreib einen Brief an Robert!

Du und ich

1 ► Wie siehst du aus?

1
… kurze braune Haare und braune Augen

2
… lange rote Haare und graue Augen

8
… lange blonde Haare und blaue Augen

3
… lange glatte Haare und braune Augen

> Ich habe …

7
… kurze blonde Haare und blaugraue Augen

6
… kurze schwarze Haare und braune Augen

5
… lange dunkelblonde Haare und blaue Augen

4
… kurze lockige Haare und blaugraue Augen

1a Hör zu und wiederhole!

1b Kartenspiel: Ordnet die Texte den Bildern zu!

1c Wie sehen sie aus? (1–8)

1d Zeichne die Bilder und beschrifte sie!

2 Partnerspiel: Wer bin ich?

Wähle ein Foto aus und beschreibe 'dich'.
Dein Partner/deine Partnerin errät, wer du bist.
(Choose a photo and describe 'yourself' for your partner to guess who you are.)

a

b

c

d

Sprachtips

Ich habe	blonde/braune/dunkelblonde/schwarze/hellblonde/lange/kurze/glatte/lockige	Haare.
	blaue/grüne/braune/blaugraue	Augen.
Ich bin sehr/ziemlich	groß/klein/dick/schlank/stabil gebaut.	
Meine	Haare sind	blond/braun/dunkelblond/rötlich/schwarz.
	Augen sind	blau/grau/grün/blaugrau.
	Ohren sind Nase ist	groß/klein.
Ich trage eine Brille. = *I wear glasses.*		

> Ich bin … und habe …

| groß und dick | klein und schlank | klein und ziemlich dick | ziemlich groß und schlank | stabil gebaut |

3a Beschreib dich! Schreib auf!

3b Wer bin ich? Mischt die Beschreibungen und lest sie vor!

4a Zeichne ein Bild von mir!

> Ich bin ziemlich groß und sehr dick. Ich habe lange, grüne, lockige Haare und rote Augen. Ich habe einen Pickel auf der Nasenspitze und große blaue Ohren.

4b Partnerspiel

Du bist ein Monster. Zeichne ein Bild von dir und beschreibe dich! Dein Partner/deine Partnerin zeichnet das Bild. Sind sich die Bilder ähnlich?

Zu Hause

Du bist ein Monster. Zeichne ein Bild von dir und beschreibe dich!

beschreiben = *to describe*
zeichnen = *to draw*
ähnlich = *alike/similar*

2 ▶ Hast du Geschwister?

1 … eine Schwester

8 … einen Bruder

2 … einen Bruder und eine Schwester

Ich habe …

3 … eine kleine Schwester

7 … einen großen Bruder

6 … zwei Brüder

5 … keine Geschwister (Ich bin ein Einzelkind)

4 … zwei Schwestern

1a Hör zu und wiederhole!

1b Haben wir Geschwister? *(Have we got any brothers and sisters?)* (1–8)

1c Hast du Geschwister? Was würdest du sagen?

1   2   3   4   5   6   7   8

1d Zeichne die Bilder und schreib den Text!

1e Hast du Geschwister?

Sprachtips

Ich habe …	
Einzahl *(Singular)*	Mehrzahl *(Plural)*
einen großen/kleinen Bruder	zwei große/kleine Brüder
eine große/kleine Schwester	zwei große/kleine Schwestern

Ich habe einen großen Bruder, der Stefan heißt. Er hat blaue Augen und blonde Haare. Ich habe auch einen kleinen Bruder, Florian, der sechs Jahre alt ist. Er hat kurze, lockige Haare. Ich habe zwei Schwestern, Nathalie, die neunzehn Jahre alt ist und Sabine, die acht Jahre alt ist. Sabine hat lange blonde Locken und Nathalie hat kurze braune Haare.

Gabi

2a Wie heißen Gabis Geschwister?

2b Hier ist ein Bild von deinen Geschwistern! Kannst du sie beschreiben?

Sprachtips

| Ich habe | einen Bruder, der … heißt. | Er | hat/ist … |
| | eine Schwester, die … heißt. | Sie | |

3 Mach eine Umfrage! Hast du Geschwister? Befrage deine Mitschüler und zeichne ein Schaubild.

| die Mitschüler = *fellow pupils* | die Umfrage = *survey* |
| das Schaubild = *graph* | befragen = *to ask* |

Zu Hause

Zeichne ein Bild von deinen wirklichen (oder erfundenen) Geschwistern und schreib einen Text!

| wirklich = *real* |
| erfunden = *imaginary* |

3 ▸ Meine Familie

Das ist ein Bild von meiner Familie. Ich bin nicht auf dem Bild. Das ist meine Mutter Inge, mein Vater Klaus, meine große Schwester Karin, mein kleiner Bruder Rainer und das Baby Elisabeth. Mein Opa heißt Hans und meine Oma heißt Anna.

Andreas

1a Lies und hör zu!

1b Was weißt du? Falsch oder richtig?

1 Andreas hat zwei Brüder. 3 Seine Oma heißt Anna. 5 Seine Mutter heißt Hannelore.
2 Sein Vater heißt Helmut. 4 Er hat zwei Schwestern. 6 Sein Opa heißt Jörg.

1c Schreib Andreas Stammbaum ab und füll ihn aus!
(Copy Andreas' family tree and fill it in.)

Großvater (Opa) ...... ⚬⚬ Großmutter (Oma) ....

Vater (Vati) ...... ⚬⚬ Mutter (Mutti) ......

...... Ich ....

2 Bausteine: Mein oder meine?

Bilde Paare und schreib sie auf!
(Find the pairs and write them down.)

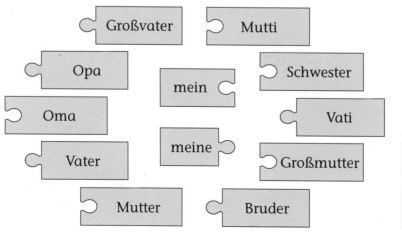

Großvater Mutti
Opa Schwester
mein Vati
Oma meine Großmutter
Vater Bruder
Mutter

Lerntip

Mein *or* **meine**?
See Word Patterns 1
or
Grammar Summary p. 112

3 Tippfehler *(Typing mistakes)*

Thomas hat den Text falsch getippt. Kannst du den Text richtig schreiben?
(Thomas has made mistakes in his typing. Can you write the text correctly?)

```
mein vater heißt
gerhard. er ist groß
und hat dunkle haare
und braune augen.
meine mutter heißt
ingeborg. sie hat
dunkelblonde haare
und blaue augen.
mein großer bruder
heißt wolfgang. er
ist 15 jahre alt und
trägt eine brille.
ich habe auch eine
kleine schwester,
die sabine heißt.
```

4 Wortfamilien *(Word families)*: englisch, deutsch, italienisch oder holländisch?

Könnt ihr die Wörter den Sprachen zuordnen?
(Can you work out which languages the words belong to?)

Vater zuster brother

famiglia familie

mother family madre

Mutter Schwester

moeder fratello vader

Familie sister

padre Bruder sorella

father broeder

Lerntip

Recognising word families
See Word Patterns 2.

Zu Hause

Zeichne deinen eigenen Stammbaum.

4 ▶ Hast du Haustiere?

8

… einen Wellensittich

1

… einen Hund

2

… eine Katze

7

… eine Maus

Ich habe …

3

… ein Kaninchen

6

… ein Meerschweinchen

5

… kein Haustier

4

… einen Goldfisch

1a Hör zu und wiederhole!

1b Was für Haustiere haben sie? (1–12)

1c Zeichne und schreib!

> Was für … ? = *What kind of … ?*

Sprachtips

		Einzahl (*Singular*)		Mehrzahl (*Plural*)
Ich habe	einen	Hund.	zwei	Hunde.
		Wellensittich.		Wellensittiche.
		Hamster.		Hamster.
	eine	Katze.		Katzen.
		Maus.		Mäuse.
		Schlange.		Schlangen.
	ein	Kaninchen.		Kaninchen.
		Meerschweinchen.		Meerschweinchen.
	kein	Haustier.		

1d Kartenspiel

1e Was für Tiere hast du?

2 Partnerarbeit

Beispiel:

a ist für einen Hund …

3 Mach eine Umfrage!

Hast du ein Haustier? Befrag deine Mitschüler und zeichne ein Schaubild!

In unserer Klasse … Schüler haben … usw.

4 Was für Hunde haben sie?

Beispiel:

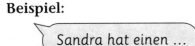

Sandra hat einen …

eine Promenadenmischung = *mongrel*

einen Pudel

einen Labrador

Gabi   Tim   Silke

einen Dackel

einen Schäferhund

eine Promenadenmischung

Sandra   Uli

Zwischentest 2

I can … ■ say what size I am and what colour hair and eyes I have
■ say what brothers and sisters I have and what they are called
■ say something about other members of the family
■ say if I have any pets

Wiederhole Zwischentest 1! (Revise Zwischentest 1.)

5 ▶ Große Pause!

Einfach tierisch!

1 Was für Tiere haben sie?

Susanne

Oliver

Boris

Nicola

Sabine

Wolfgang

2 Welche Selbstlaute fehlen? Schreib ab und ergänze!
(Which letters are missing? Copy and complete.)

> Selbstlaute = *vowels (a, e, i, o, u)*
> ein Pferd = *horse*

KR_K_D_L
_L_F_NT
G_R_FF_
T_G_R
K_M_L
FL_M_NG_
W_LF
Z_BR_

3 Wie viele Tiere kannst du sehen? Mach eine Liste!

4 Tierfamilien Quartett

Ordne die Tiere den Familien zu!

Hunde	Wildkatzen	Nagetiere	Vögel

a Kanarienvogel
b Eichhörnchen
c Hamster
d Spatz
e Pudel
f Schäferhund
g Leopard
h Dackel

i Wellensittich
j Boxer
k Papagei
l Jaguar
m Meerschweinchen
n Tiger
o Maus
p Löwe

Nagetiere = *rodents*

STECKBRIEF

Name: der Blauwal

Familie: Cetacea

Wohnort: im Meer

Größe: bis zu 35m (bis zu 25 × größer als ein Elefant!)

Geschwindigkeit: 37km/h

Futter: Plankton

Tiefe: bis zu 1000m

6 Treibst du gern Sport?

Teamsportarten

| 1 | 2 | 3 | 4 |

| 5 | 6 | 7 | 8 | 9 |

a	Tennis
b	Tischtennis
c	Basketball
d	Volleyball
e	Badminton (Federball)
f	Fußball
g	Handball
h	Hockey
i	Rugby

1a Ordne die Bilder den Wörtern zu!

1b Was spielen sie gern und was spielen sie nicht gern? (1–8)
(What do they like playing and what don't they like playing?)

1c Übe mit einem Partner/einer Partnerin:
Was spielst du gern und was nicht gern?

  ✓   ✗   ✓   ✗

  ✓   ✓   ✗   ✓   ✓

Sprachtips

Ich spiele	gern	Tennis/Tischtennis/ Basketball/Volleyball/ Badminton/Fußball/ Handball/Hockey/ Rugby.	Ich spiele	Tennis/Tischtennis/ Basketball/Volleyball/ Badminton/Fußball/ Handball/Hockey/ Rugby	nicht ger

Sprachtips

1d Partnerarbeit: Frage und Antwort

Wie findest du …? Spielst du gern Fußball? usw.

Ja,	Fußball ist	toll!/klasse!/super!/spitze!	
		OK/ein bißchen langweilig.	
Nein,		langweilig/öde/blöd.	

32

2a Partnerarbeit: Ordnet die Sportarten den Kategorien zu!

Athletik	Wassersport	Wintersport	Kampfsport	Andere

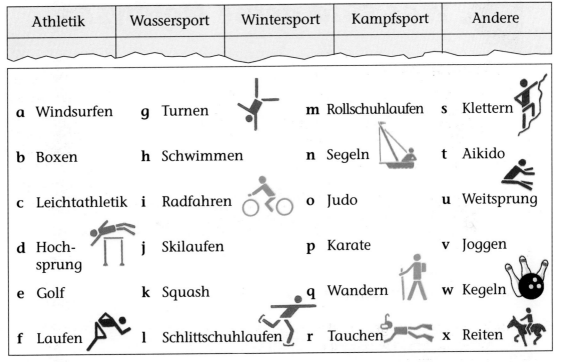

a	Windsurfen	**g**	Turnen	**m**	Rollschuhlaufen	**s**	Klettern
b	Boxen	**h**	Schwimmen	**n**	Segeln	**t**	Aikido
c	Leichtathletik	**i**	Radfahren	**o**	Judo	**u**	Weitsprung
d	Hoch-sprung	**j**	Skilaufen	**p**	Karate	**v**	Joggen
e	Golf	**k**	Squash	**q**	Wandern	**w**	Kegeln
f	Laufen	**l**	Schlittschuhlaufen	**r**	Tauchen	**x**	Reiten

2b Unsere Lieblingssportarten (1–12)

> Lieblings = *favourite*

3a Kartenspiel   **3b** Sportart

4 Mach eine Umfrage!

Wähle eine Sportart aus und finde heraus, wie viele Mitschüler (i) diese Sportart mögen, (ii) nicht mögen, (iii) oder keine Meinung haben.

Beispiel:

> Magst du Rollschuhlaufen?

> Ja, gern.

> Nicht besonders.

> Nein, gar nicht gern

Sprachtips

Ich	mag …	=	*I like …*
Er/sie	mag …	=	*He/she likes …*
Wir	mögen …	=	*We like …*
Sie	mögen …	=	*They like …*
Magst du …?		=	*Do you like …?*
*Mögen Sie …?		=	*Do you like …?*

This is the form you use when asking a teacher or older person.

Zu Hause

Schreib eine Liste!

Sportarten, die ich gerne mag
Sportarten, die ich nicht gerne mag

7 Was sind deine Hobbys?

Ich fahre gern Rad.

Ich lese gern Zeitschriften.

Ich höre gern Musik.

Ich gehe gern in die Stadt.

Ich spiele gern Schach.

Ich koche gern.

Ich gehe gern ins Kino.

Sprachtips

Ich	sehe	(Siehst du?)	gern	fern.
	fahre	(Fährst du?)		Rad.
	spiele	(Spielst du?)		Karten/Schach/Gitarre/Klavier/ mit dem Computer.
	höre	(Hörst du?)		Musik/CDs.
	lese	(Liest du?)		Bücher/Zeitschriften/Comics.
	koche	(Kochst du?)		
	gehe	(Gehst du?)		ins Kino/in die Stadt.

 1a Was machen sie gern? (1–8)

 1b Kartenspiel

1c Partnerarbeit: Was sagst du?

2 Partnerspiel: Schreibt drei Hobbys auf!

Dein Partner/deine Partnerin errät, welche Hobbys es sind.

Beispiel:

> Hörst du gern Musik?

> Nein.

> Fährst du gern Rad?

> Nein.

Dein Partner/deine Partnerin darf nur 'ja' oder 'nein' antworten.

3 Wie heißen sie?

a Mein Name ist Frank. Meine Hobbys sind Lesen und Radfahren und ich schwimme auch gern.

b Hallo! Ich heiße Steffi. Ich mag Sport nicht. Ich finde es langweilig. Ich lese gern und höre Musik.

c Ich bin Jan. Ich finde Fußball sehr interessant. Ich bin ein Fan von Borussia Dortmund. Ich spiele auch gern – es macht fit!

d Mein Name ist Gabi. Ich mache gern Leichtathletik und Gymnastik, und ich spiele Klavier.

e Ich bin Andreas. Sport finde ich langweilig. Meine Hobbys sind Fernsehen und Faulenzen.

4 Partnerspiel: Wer macht was gern?

5 Wie findest du das?

6 Was machst du gern?

Sprachtips

Ich finde	klassische Musik	fantastisch.
	Lesen	interessant.
	Fernsehen	langweilig.
	Tennis	anstrengend.
	Sport	unheimlich gut.

Lerntip

Ich	spiele
Du	spielst
Er/sie	spielt

See Word Patterns 3
    or
Grammar Summary p. 112.

Zu Hause

Wie findest du … Sport; Fernsehen; Radfahren; Schach; Musikhören; Lesen; Kochen; Schwimmen?

8 ▸ Weihnachten

Am 6. Dezember kommt der Nikolaus. Er ist ein alter Mann mit einem langen, großen, weißen Bart. Er trägt einen roten Mantel und einen roten Hut. Er bringt kleine Geschenke und Bonbons. Am Heiligabend schmücken meine Eltern den Tannenbaum. Dann gehen wir in die Kirche. Um 18.30 Uhr kommen wir zurück. Die Geschenke sind jetzt unter dem Weihnachtsbaum. Nach dem Essen packen wir unsere Geschenke aus.
Am ersten Weihnachtsfeiertag besuchen wir meine Oma und meinen Opa.

Thorsten

1 What does Thorsten tell you about Christmas in his family?
When does father Christmas come?
What do they do on Christmas eve?
What do they do on Christmas Day?

2a Wunschzettel Was wünschen sie sich? (1–8)

Zu Weihnachten wünsche ich mir …

a ein neues Rad

b Schokolade

c einen Anorak

d Stiefel

e eine CD

f Bonbons

g Bücher

h eine Jacke

i einen Fernseher

j einen Pulli

k ein Computerspiel

l eine Sporttasche

2b Partnerarbeit: Und du? Was wünschst du dir?

Wähle ein Geschenk aus. Dein Partner/deine Partnerin errät …
(Choose a present. Your partner guesses …)

3 Singt mit! Oh Tannenbaum

Oh Tannenbaum

Oh Tannenbaum, oh Tannenbaum,
wie grün sind deine Blätter,
Du grünst nicht nur zur Sommerzeit,
nein, auch im Winter wenn es schneit,
Oh Tannenbaum, oh Tannenbaum,
wie grün sind deine Blätter.

Oh Tannenbaum, oh Tannenbaum,
du kannst mir sehr gefallen,
wie oft hat nicht zur Weihnachtszeit,
ein Baum von Dir mich hocherfreut,
Oh Tannenbaum, oh Tannenbaum,
du kannst mir sehr gefallen.

4 Weihnachtsplätzchen

Du brauchst …

Plätzchenteig *(Biscuit mix)*

250g Mehl

150g Butter
oder Margarine

60g Zucker

1 Ei

2 EL kaltes Wasser

1 Prise Salz

Zuckerguß *(Icing)*

200g Puderzucker

2 EL Wasser

1 Mehl, Wasser, Ei, Butter, Zucker,
Salz in eine Schüssel geben und
verrühren.

2 Den Teig ausrollen und
ausstechen.

3 Bei 180° 10 Minuten backen.

4 Mit Zuckerguß bestreichen.

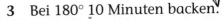

Zu Hause
Schreib einen Wunschzettel!

9 ▸ Lernzielkontrolle

I can …

1	say what my hair is like and what colour eyes I have:	Ich habe … Haare und … Augen.
2	say what brothers and sisters I have:	Ich habe | einen Bruder/eine Schwester. zwei Brüder/Schwestern. keine Geschwister.
	and ask someone what brothers and sisters they have:	Hast du Geschwister?
3	say what my parents and grandparents are called:	Mein Vater/Großvater heißt … Meine Mutter/Großmutter heißt …
4	say what pets I have:	Ich habe | einen Hund/zwei Hunde. eine Katze/zwei Katzen. kein Haustier.
	and ask someone what pets they have:	Hast du ein Haustier?
5	say which sports I like and which ones I dislike:	Ich spiele gern … Ich spiele … nicht gern.
	and ask someone what sport they like:	Spielst du gern …?
6	say what I think of something:	Fußball ist toll/klasse/fantastisch/ unheimlich gut!/OK/interessant/ anstrengend/langweilig.
	and ask someone what they think of it:	Wie findest du …?
7	talk about my hobbies:	Ich sehe gern fern, lese gern, usw.
	and ask someone about theirs:	Was machst du gern in deiner Freizeit?
8	recognise when to use **mein** or **meine** and when a word needs a capital letter.	

Wiederholung

A Hören

1 Wie heißen sie? (1–5)

Ralf Achim Sonja Antje Dieter

B Lesen

1 Was weißt du über Jan?

Alter: ....

Wohnort: ....

Geschwister: ....

Hobbys: ....

Haustiere: ....

Sonstiges: ....

> Koblenz, den 3. Oktober
>
> Lieber Brieffreund!/Liebe Brieffreundin!
>
> Ich heiße Jan. Ich bin 13 Jahre alt und ich wohne in Koblenz. Ich habe eine Schwester und einen Bruder. Meine Schwester kann ich nicht leiden!
>
> Ich spiele gern Fußball, aber ich finde Tennis langweilig. Ich höre gern Musik. Wir haben zwei Hunde und einen Kater, Oliver.
>
> Tschüß, Jan

C Schreiben

1 Beschrifte die Bilder!

a   b   c   d   e

Name: ....

Alter: ....

Geburtstag: ....

Geschwister: ....

Wohnort: ....

2 Schreib ab und füll das Formular aus!

3 Schreib einen Brief an Jan!

Mein Zuhause

1 ▸ Wo wohnst du?

1 Wer spricht? (1–6)

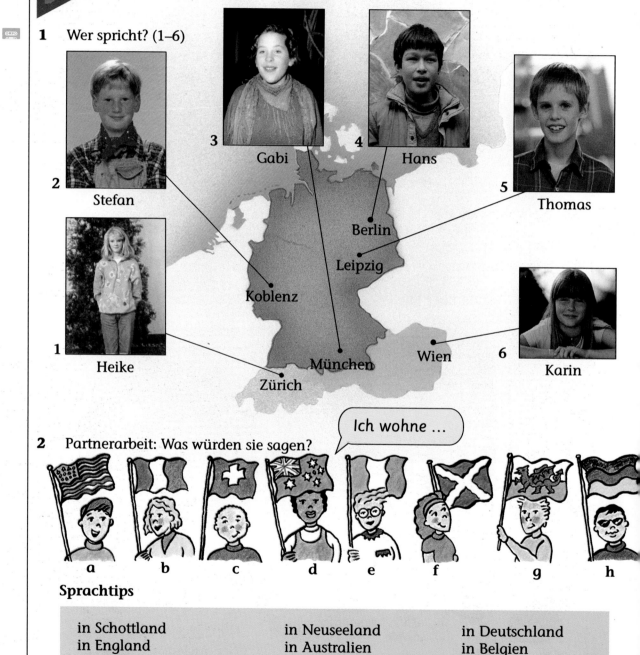

3 Gabi

4 Hans

2 Stefan

5 Thomas

Berlin

Leipzig

Koblenz

1 Heike

Zürich

München

Wien

6 Karin

Ich wohne ...

2 Partnerarbeit: Was würden sie sagen?

a   b   c   d   e   f   g   h

Sprachtips

in Schottland	in Neuseeland	in Deutschland
in England	in Australien	in Belgien
(Nordengland/Südengland)	in Amerika	in Holland
in Irland	in Frankreich	in der Schweiz
in Wales	in Italien	

3a Wo wohnen sie? (1–8)

Das Haus

a … in einem Einfamilienhaus

b … in einem Doppelhaus

c … in einem Mehrfamilienhaus

d … in einem Reihenhaus

e … in einem Hochhaus

f … in einem Wohnwagen

g … auf einem Bauernhof

3b Wo wohnst du?

4 Wer wohnt wo?

Beispiel:
Uli wohnt in …

Sprachtips

Ich wohne	in einem Haus.
	in einer Wohnung.
	in einem Bungalow.

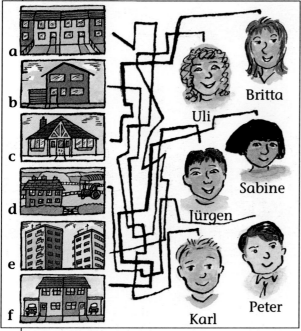

a
b
c
d
e
f

Uli
Britta
Jürgen
Sabine
Karl
Peter

5 Mein Haus

der Grillplatz
Dachgeschoß
erster Stock
das Dach
der Garten
der Balkon
das Fenster
die Garage
die Tür
die Terrasse
Erdgeschoß
der Keller

Zu Hause
Zeichne und beschrifte ein Bild von einem Haus!

Deutsch!

2 ▶ Ein Plan von unserer Wohnung

a

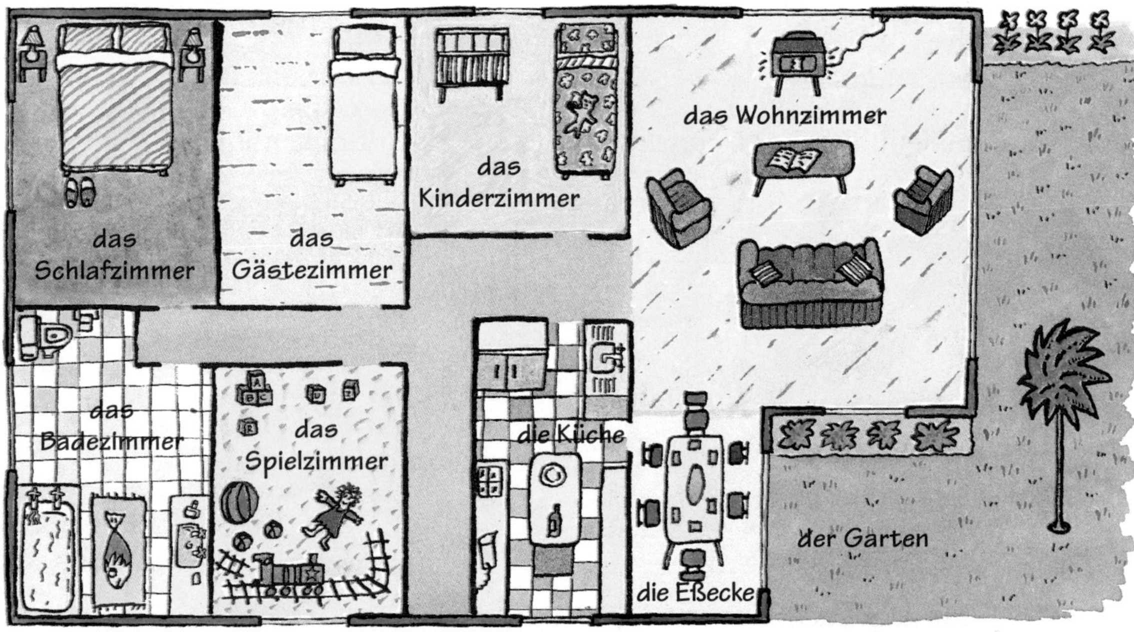

das Schlafzimmer
das Gästezimmer
das Kinderzimmer
das Wohnzimmer
das Badezimmer
das Spielzimmer
die Küche
die Eßecke
der Garten

b

das Schlafzimmer
das Schlafzimmer
das Schlafzimmer
der Flur
das Badezimmer
das Wohnzimmer
der Balkon
die Küche
das Eßzimmer

1a Wer wohnt denn hier? (1–4)

1b Kannst du den Plan beschriften?

2   In welchem Zimmer …?

Wo machst du deine Hausaufgaben?   in der Küche
Wo siehst du fern?   im Eßzimmer
Wo ißt du?   im Garten
Wo wäschst du dich?   im Elternschlafzimmer
Wo spielst du?   in meinem Zimmer
Wo kochst du?   im Badezimmer
Wo schlafen deine Eltern?   im Wohnzimmer

Sprachtips

> Ich esse … (Ißt du …?)
> Er/sie ißt …
> Ich wasche mich … (Wäschst du dich …?)
> Er/sie wäscht sich …

3   Rate mal! Welches Zimmer ist das? (1–7)

4   Könnt ihr die Sätze verbessern?

Ich schlafe in der Küche.   Ich esse im Badezimmer.
Ich sehe fern in der Garage.   Ich wasche mich im Wohnzimmer.
Ich koche im Eßzimmer.   Das Auto ist in meinem Zimmer.

Überlegt euch weitere Beispiele!

5   Welches Zimmer ist das?
Was machst du in diesem Zimmer?

 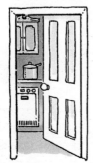  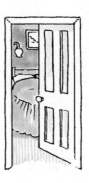 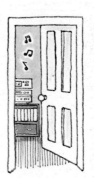 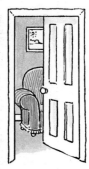

1   2   3   4   5   6

Zu Hause

Zeichne einen Plan von deinem Haus und beschrifte ihn!

Hier ist ein Plan von unserem Haus/unserer Wohnung …

Lerntips

> *More on verbs – see Word Patterns 4*
>   *or*
> *Grammar Summary p. 112*
>
> *More on* der, die *and* das *words – see Word Patterns 5*
>   *or*
> *Grammar Summary p. 112.*

3 Bei uns zu Hause

Bei uns zu Hause, im Erdgeschoß, gibt es ein kleines Wohnzimmer. Im Wohnzimmer gibt es ein Sofa, einen Sessel, eine Lampe, einen Couchtisch, eine Stereoanlage und einen Fernseher. Hier sehen wir fern oder spielen Monopoly oder Karten usw.

In der Eßecke gibt es eine Eckbank, drei Stühle, ein Büfett und einen Eßtisch. Es gibt ein großes Bild an der Wand. Hier essen wir abends und am Wochenende. Morgens und mittags essen wir in der Küche.

In der Küche gibt es einen Kühlschrank, eine Spüle, eine Spülmaschine, einen Elektroherd und mehrere Wandschränke, einen Mixer, einen Tisch und vier Stühle.

Wir haben auch einen Flur, wo wir unsere Mäntel aufhängen, und eine Gästetoilette und eine Treppe, die unten zum Keller führt. Im Keller gibt es die Waschmaschine, die Gefriertruhe und die Getränkeflaschen. Ich muß die Getränke holen und die leeren Flaschen wieder nach unten bringen. Das ist meine Arbeit.

Oben gibt es drei Schlafzimmer und ein Badezimmer. Im Bad gibt es eine Badewanne, ein Waschbecken, eine Dusche, eine Toilette und einen Spiegel, und in jedem Schlafzimmern gibt es ein Bett, einen Kleiderschrank und eine Kommode.

1a Hör zu und lies!

Es gibt = *there is/are*
eine Eckbank = *corner seat*

1b Falsch oder richtig?

1 Der Kühlschrank ist im Badezimmer.
2 Die Flaschen sind im Keller.
3 Die Waschmaschine ist
 im Kinderzimmer.
4 Der Sessel ist im Wohnzimmer.

5 Die Spülmaschine ist im Wohnzimmer.
6 Der Eßtisch ist im Flur.
7 Die Stereoanlage ist im Eßzimmer.
8 Der Fernseher ist in der Küche.

1c Kannst du die falschen Sätze verbessern?

2 Kartenspiel

a Bildet Paare
b Quartett

3 Wo gehören die Möbelstücke hin?
(Where does the furniture belong?)

4 Suchbilder

Das erste Bild unterscheidet sich von dem zweiten in fünf Dingen.
Kannst du sie finden?

Beispiel:
Der Tisch auf dem Bild **a** ist …

a

b

Zu Hause

Was gibt es bei dir zu Hause?

Beispiel:
Im Wohnzimmer gibt es … In der Küche … usw.

Lerntip

More on der, die *and* das *words
– see Word Patterns 6.*

4 ▸ In meinem Zimmer

In meinem Zimmer habe ich einen Schreibtisch, wo ich meine Hausaufgaben mache, ein Bett, einen Einbaukleiderschrank, einen Stuhl, ein Bücherregal und Schränke und Schubladen wo ich meine Kleider aufbewahre.

Das sind mein Teddybär, mein Computer und meine Modellflugzeugsammlung. An der Wand habe ich Tierposter, eine Uhr und einen Kalender.

Auf dem Regal habe ich Krimskrams

Christoph

1a Was haben wir in unseren Zimmern? (1–8)

1b Was hast du in deinem Zimmer?

Sprachtips

| Ich teile ein Zimmer mit | meiner Schwester. |
| | meinem Bruder. |

Etagenbett

2 Wo …?

a Wo ist Christophs Computer?
b Wo sind seine Bücher?
c Wo ist sein Anorak?
d Wo bewahrt er seine Kleider auf?
e Wo ist seine Uhr?

f Wo ist seine Katze?
g Wo sind seine Socken?
h Wo ist der Krimskrams?
i Wo ist seine Modellflugzeugsammlung?
j Wo ist sein Teddybär?

Sprachtips

auf	dem	Bett/Regal/Stuhl/Schreibtisch/Boden
unter		Bett/Regal/Stuhl/Schreibtisch
in	der	Schublade
an		Wand
im		Kleiderschrank

3 Füll das Bild aus.

Ich teile mein Zimmer mit meiner Schwester. Wir haben Etagenbetten. Ich schlafe oben. Die Bettwäsche ist hellgrün und die Wände sind beige. Die Tür ist weiß. Die Katze liegt auf meinem Bett. Meine Schultasche ist auf dem Boden unter dem Stuhl. Mein Anorak ist auf dem Stuhl. An der Wand haben wir ein Snoopyposter. Auf dem Tisch sind unsere Schulbücher und Stifte. Unsere Kleider sind im Kleiderschrank und unsere Entensammlung haben wir auf der Kommode.

hell = *light*
die Ente = *duck*

4 Partnerarbeit

Male das Bild aus und sag deinem Partner/deiner Partnerin wie er/sie das zweite Bild ausmalen soll.

5 Mein Zimmer

a Zeichne einen Plan von deinem Zimmer und beschrifte ihn!
b Schreib: In meinem Zimmer habe ich …

Zwischentest 3

I can …   ■ say where I live and what sort of house it is
   ■ say what rooms there are
   ■ say what furniture is in the different rooms
   ■ talk about my own room and say what is in it
   ■ say where I keep my things

Wiederhole Zwischentest 2!

5 Große Pause!

1 Was gehört nicht hierher?

a Haus, Iglu, Bauernhof, Kleiderschrank
b Kühlschrank, Tisch, Garten, Spüle
c Bett, Schultasche, Stuhl, Kommode
d Pferd, Hund, Katze, Hamster
e Elefant, Wal, Vogel, Giraffe

f Amerika, Belgien, Deutschland, Frankreich
g Tür, blau, Fenster, Wand
h Fußball, Tischtennis, Rugby, Volleyball

Kannst du dir weitere Beispiele für einen Partner/eine Partnerin überlegen?

2 Verschlüsselt schreiben

In meinem Zimmer habe ich:

a 6 5 18 14 19 5 8 5 18
b 2 5 20 20
c 19 20 21 8 12

d 23 9 14 11 5 12 13 5 19 19 5 18
e 18 1 4 9 15
f 20 1 19 3 8 5 14 18 5 3 8 14 5 18

Kannst du dir weitere Beispiele für einen Partner/eine Partnerin überlegen?

3 Wo wohnen sie?
Der Eskimo wohnt in ...

in einem Zelt

in einem Nest

der Hund

in einem Schloß

in einem Stall

der Eskimo

der Ritter

der König

die Kuh

der Vogel

in einem Iglu

in einer Hundehütte

der Nomade

in einem Palast

4   Eine Faschingsmaske: Harlekinmaske

Du brauchst:
einen Bleistift
eine Schere und Klebstoff
dickes Papier
farbige Geschenkbänder

farbiges Papier
einen Pflanzenstab
(plant pot stick)
und 5 Perlen *(beads)*.

Maskenschablone:

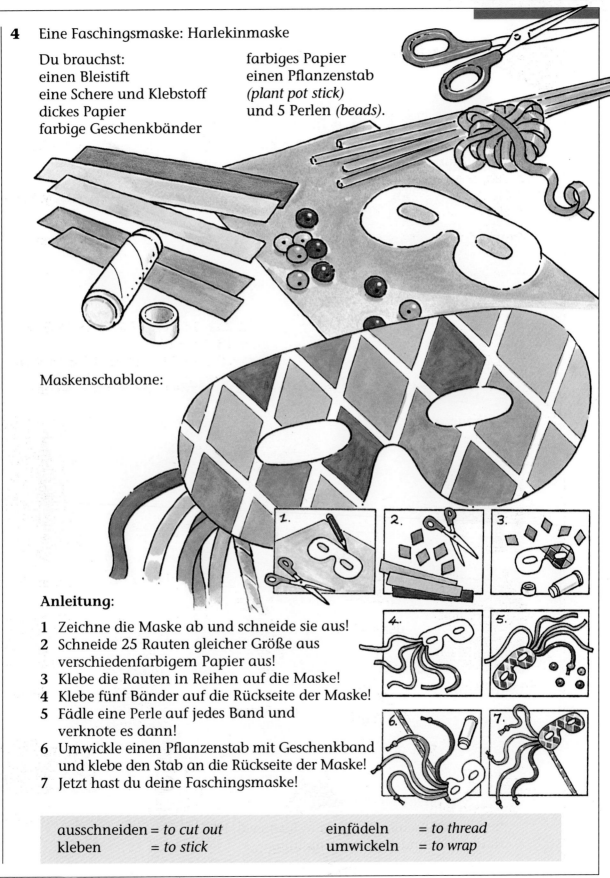

Anleitung:

1 Zeichne die Maske ab und schneide sie aus!
2 Schneide 25 Rauten gleicher Größe aus
   verschiedenfarbigem Papier aus!
3 Klebe die Rauten in Reihen auf die Maske!
4 Klebe fünf Bänder auf die Rückseite der Maske!
5 Fädle eine Perle auf jedes Band und
   verknote es dann!
6 Umwickle einen Pflanzenstab mit Geschenkband
   und klebe den Stab an die Rückseite der Maske!
7 Jetzt hast du deine Faschingsmaske!

ausschneiden = *to cut out*	einfädeln = *to thread*
kleben = *to stick*	umwickeln = *to wrap*

AUF Deutsch!

6 ▶ Karneval

14 Rosenmontag FEBRUAR

15 Fastnacht (Fasching) FEBRUAR

16 Aschermittwoch FEBRUAR

Ich wohne in Köln am Rhein. Wir feiern Karneval. Karneval ist im Februar oder im März. Wir haben am Rosenmontag und Fastnacht schulfrei, und dann kommt Aschermittwoch. Am Rosenmontag ist immer viel los – der Karnevalsprinz und die Karnevalsprinzessin fahren im Umzug durch die Stadt. Es gibt immer sehr viele Partys. Man verkleidet sich und ißt und trinkt viel. Am Abend gibt es ein großes Feuerwerk.

Claudia

Sprachtips

immer viel los	= *always a lot going on*
fahren im Umzug	= *go in a 'train'/procession*
durch die Stadt	= *through the town*
sich verkleiden	= *to dress up*

*In Norddeutschland sagt man Karneval, in Süddeutschland sagt man Fasching.

Eine Einladung

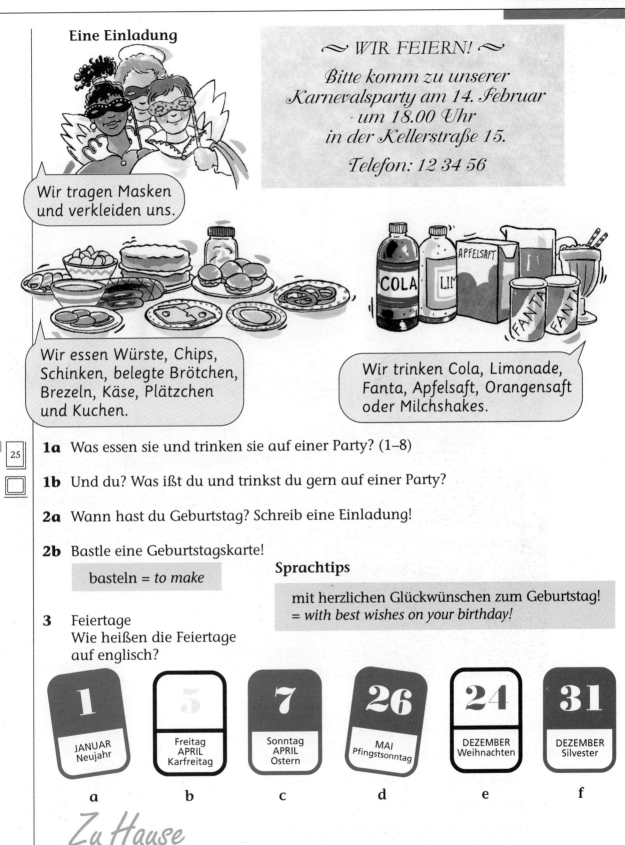

~ *WIR FEIERN!* ~

Bitte komm zu unserer
Karnevalsparty am 14. Februar
um 18.00 Uhr
in der Kellerstraße 15.

Telefon: 12 34 56

Wir tragen Masken
und verkleiden uns.

Wir essen Würste, Chips,
Schinken, belegte Brötchen,
Brezeln, Käse, Plätzchen
und Kuchen.

Wir trinken Cola, Limonade,
Fanta, Apfelsaft, Orangensaft
oder Milchshakes.

1a Was essen sie und trinken sie auf einer Party? (1–8)

1b Und du? Was ißt du und trinkst du gern auf einer Party?

2a Wann hast du Geburtstag? Schreib eine Einladung!

2b Bastle eine Geburtstagskarte!

> basteln = *to make*

Sprachtips

> mit herzlichen Glückwünschen zum Geburtstag!
> = *with best wishes on your birthday!*

3 Feiertage
Wie heißen die Feiertage
auf englisch?

1	**5**	**7**	**26**	**24**	**31**
JANUAR Neujahr	Freitag APRIL Karfreitag	Sonntag APRIL Ostern	MAI Pfingstsonntag	DEZEMBER Weihnachten	DEZEMBER Silvester
a	b	c	d	e	f

Zu Hause

Write a short article about Karneval in Germany for your class magazine.

7 Familien

1 Welches Bild ist es?

a *Das sind mein Opa und meine Oma.*

b *Tante Hannelore, Onkel Udo und Cousin Frank.*

c *Onkel Heinrich, Tante Christine und die Cousinen Sonja und Barbara.*

d *Onkel Norbert mit seinem Hund.*

e *Tante Anneliese und die Zwillinge Jan und Björn.*

2a Wer ist es?

1 Er ist ziemlich groß, hat kurze, dunkle Haare und blaue Augen.

2 Sie ist ganz klein und hat lockige, graue Haare und blaue Augen.

3 Er trägt einen Schnurrbart und hat eine Glatze.

4 Er hat kurze, dunkle Haare und einen Bart.

5 Sie hat schulterlange, braune Locken und ist häßlich!

6 Er ist schön. Er hat große, braune Augen und lange Ohren.

7 Sie haben kurze, rote Haare, braune Augen und viele Sommersprossen.

häßlich	= *ugly*
gutaussehend	= *good looking*

2b Gruppen- oder Partnerspiel
Beschreib jemanden, so daß die anderen erraten können, wer es ist.

3a Partnerarbeit: Findet die Wortfamilien!

Tisch fahren gehen Schluck! mesa
kurz Einfamilienhaus
alt lang bord Rathaus Großmutter
violett sehen gelb blau Boing! Haus
schwimmen Mehrfamilienhaus jung Peng!
Limonade Tee Schwester
Mutter Platsch! Zweifamilienhaus groß Pop! spielen
tavola rot grün Wasser
braun Milch Bruder Großvater table
Vater Kaffee
klein trinken Hochhaus tafel
Orangensaft

3b Überlegt euch weitere Wortfamilien!

Lerntip

*More on Word Families –
see Word Patterns 7.*

Zu Hause

Das sind Tante Liesl
und Onkel Heinrich.
Kannst du
sie beschreiben?

8 ▸ Personenraten

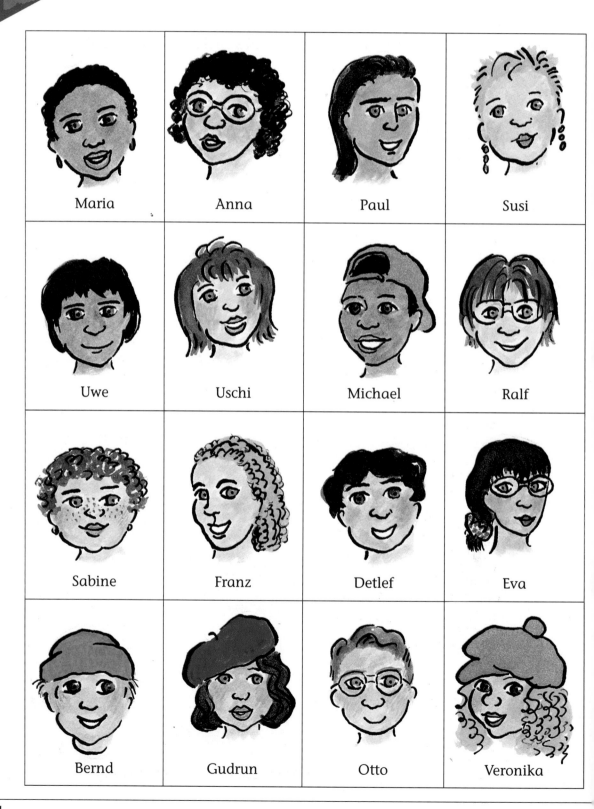

Maria	Anna	Paul	Susi
Uwe	Uschi	Michael	Ralf
Sabine	Franz	Detlef	Eva
Bernd	Gudrun	Otto	Veronika

1a Wir spielen …

1b Partnerspiel

Spielregel:

1 Wähle heimlich jemanden aus und schreib den Namen auf.

2 Dein Partner/deine Partnerin errät den Namen.

3 Jeder stellt der Reihe nach eine Frage.

Beispiel:

Hat er blonde Haare?

Ja.

Heißt er Johann?

Nein. Jetzt bin ich dran. Hat er …? usw.

Sprachtips

Er hat	kurze	blonde		blaue		.
Hat er	lange	dunkelblonde	Haare und	blaugraue	Augen	?
Sie hat	schulterlange	dunkle		braune		.
Hat sie	lockige	braune		grüne		?

Er trägt	einen Bart	.
Trägt er	einen Schnurrbart	?
	eine Brille	
Sie trägt	einen Hut	.
Trägt sie	Ohrringe	?

Er heißt …/Heißt er …?

Sie heißt …/Heißt sie …?

Zu Hause

Wähle einen Jungen und ein Mädchen aus und beschreib sie!

9 Lernzielkontrolle

I can …

1	say where I live and what sort of house it is:	Ich wohne in (einem Haus) in (Surrey) in (Südengland).

2 say what rooms there are in the house:

Es gibt
eine	Küche, Eßecke, Garage, Terrasse.
ein	Wohnzimmer, Eßzimmer usw.
einen	Flur, Keller, Balkon, Dachboden.

3 say what furniture there is in the rooms:

Im			
Wohnzimmer gibt es	ein	Sofa usw.
Eßzimmer	einen	Stuhl usw.
Badezimmer	eine	Kommode usw.
Schlafzimmer	ein	Bett usw.

4 say what there is in my room:

In meinem Zimmer habe ich ein Bücherregal, einen Computer usw.

5 say where things are:

Der Computer	steht	auf dem Tisch.
Das Bild	hängt	an der Wand.
Die Socken	sind	in der Schublade.
Die Kleidung	ist	im Kleiderschrank.

6 say when some of the festivals are and what they are called:

Silvester ist am 31. Dezember.
Neujahr ist am 1. Januar.

7 talk about other people, say what they are called and what they look like and ask about other people:

Er/sie heißt …
Er/sie hat kurze, blonde Haare und blaue Augen.
Hat er/sie lange, dunkelblonde Haare und blaugraue Augen?

8 recognise some different families of words – nouns, verbs and adjectives.

Wiederholung

A *Hören*

1 Wo wohnen sie? (1–6)

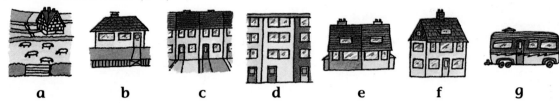

   a   b   c   d   e   f   g

2 Was hat Bärbel in ihrem Zimmer?

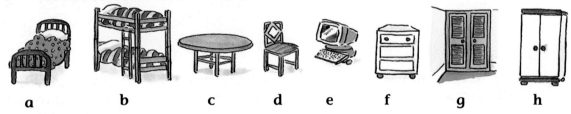

   a   b   c   d   e   f   g   h

B *Lesen*

Nils erzählt. Stimmt das oder stimmt das nicht?

a Ich wohne in einem Haus.
b Ich mache meine Hausaufgaben in meinem Schlafzimmer.
c Ich habe eine jüngere Schwester.
d Bärbel hat braune Haare.
e Ich kann Fußball nicht leiden.
f Meine Schwester hört Musik nicht gern.

C *Schreiben*

1 Was gibt es im Wohnzimmer?

2 Beschreib dein Zimmer!

Dortmund, den 15. Februar

Lieber Brieffreund!/Liebe Brieffreundin!

Ich heiße Nils und ich wohne in Dortmund in Norddeutschland mit meinen Eltern und meiner Schwester Bärbel. Wir haben eine ziemlich große Wohnung mit einem Wohnzimmer, einer Küche, und drei Schlafzimmern. Unten gibt's auch einen Keller, wo ich mein Fahrrad habe.

Ich habe mein eigenes Zimmer, wo ich meine Hausaufgaben mache. Ich habe einen Computer auf dem Schreibtisch und ein Bücherregal in der Ecke. An der Wand hängen Poster, meistens von Fußballspielern.

Meine Schwester hat auch ein eigenes Zimmer. Sie ist älter als ich und sie hat schulterlange braune Haare. Sie trägt auch immer lange bunte Ohrringe. Sie hat eine Stereoanlage mit einem CD-Spieler. Ihre Musik höre ich gar nicht gern!

Schreib bald, und erzähl mir was Du für Geschwister hast, und wie Dein Zimmer aussieht.

Tschüß, Nils

Mein Alltag

1 *Wie spät ist es?*

 zwei Uhr

 Viertel nach zwei

 halb zwei

 Viertel vor zwei

a   b   c   d   e

f   g   h   i   j

1a Wie spät ist es? Lies die Uhrzeiten vor! *(What's the time? Read out the times.)*

1b Wie spät ist es? Welche Uhr ist es? (1–10)

2a Digitaluhren: Wie spät ist es jetzt?

a `6.10`   b `19.06`   c `22.00`

Sprachtip

> 30 dreißig   40 vierzig   50 fünfzig

d `14.35`   e `10.35`   f `12.47`

g `7.35`   h `23.00`   i `18.40`

j `8.24`

2b Welche Uhr ist es? (1–10)

`10.35`	`8.24`	`6.10`	`12.47`	`18.40`
a	b	c	d	e
`22.00`	`14.35`	`23.00`	`19.06`	`7.35`
f	g	h	i	j

3 Partnerarbeit: Übe den Dialog!

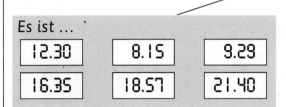

Entschuldigen Sie bitte, wie spät ist es?

Es ist ...

| 12.30 | 8.15 | 9.29 |
| 16.35 | 18.57 | 21.40 |

Es tut mir leid.
Ich weiß es nicht.

Danke schön.

Bitte.

Meine Uhr ist kaputt.

4 Welche Zahlen fehlen?

a   1   3   5   ...   9   11   13   ...   17   19

b   0   2   4   ...   8   10   ...   14   16   ...   20

c   0   ...   6   9   ...   15   ...   21   24   27   ...

d   ...   10   ...   20   25   30   45   50

e   100   90   ...   70   ...   50   ...   30   ...   10

die Zahlen = *numbers*
fehlen = *missing*

Sprachtip

60 sechzig   70 siebzig
80 achtzig   90 neunzig
100 hundert

5 Stellt euch gegenseitig Aufgaben!

+	plus
−	minus
·	mal
:	geteilt durch (*divided by*)
=	gleich (*equals*)

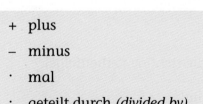

Zum Auswendiglernen! Zähle in
fünfern bis hundert!

6 Telefonnummern. Wie ist die
Telefonnummer von Annette?

1	Natascha	a	23 81 47
2	Matthias	b	14 98 62
3	Tobias	c	79 86 41
4	Iris	d	28 49 71
5	Birgit	e	83 67 42
6	Hannelore	f	57 82 19
7	Christopher	g	91 72 05
8	Sven	h	29 01 37
9	Britta	i	28 92 43
10	Annette	j	68 02 59

2 Monikas Tag

a Ich sehe fern. **b** Ich mache meine Hausaufgaben. **c** Ich frühstücke.
d Ich putze mir die Zähne. **e** Ich komme nach Hause. **f** Ich esse zu Abend.
g Ich gehe ins Bett. **h** Ich wasche mich und … **i** Ich stehe auf.
j Ich ziehe mich an. **k** Ich esse zu Mittag. **l** Ich gehe zur Schule.
m Ich lese ein bißchen. **n** Ich esse das zweite Frühstück.
o Ich spiele draußen mit meinen Freunden.

1a Bring die Sätze in die richtige Reihenfolge!

1b Kartenspiel: Bilde Paare und bring sie in die richtige Reihenfolge!

1c Partnerarbeit: Stellt euch gegenseitig Fragen!

Beispiel: Es ist 13.30. Was sagt Monika? Ich esse zu Mittag.

2 Was sagt er? Füll die Sprechblasen aus!

Sprachtips

ich stehe auf	er/sie steht auf	ich mache meine …	er/sie macht
ich esse	er/sie ißt		seine/ihre …
ich gehe	er/sie geht	ich spiele	er/sie spielt
ich komme	er/sie kommt	ich lese	er/sie liest

26/27

28

60

3 Wer spricht?

Theresa

Birgit

Gabi

Silke

4a Wann stehst du auf und um wieviel Uhr gehst du ins Bett? (1–8)

4b Partnerarbeit: Stellt euch gegenseitig Fragen!

Beispiel:

> Was macht Monika um 6.45 Uhr?

> Sie steht auf.

5 Mach eine Umfrage!

Wann steht ihr auf und wann geht ihr ins Bett?

Sprachtip

> Ich stehe **um** acht Uhr auf.
> Ich gehe **um** einundzwanzig Uhr ins Bett.

Zu Hause

Mein Tagesablauf

Ich ...

3 Zieh dich warm an!

1a Wer spricht? (1–6)

1b Wer ist es?

a Sie trägt ein blaues Sommerkleid, eine weiße Wolljacke, weiße Strümpfe und Sandalen.

b Er trägt eine Sporthose, ein weißes T-Shirt, rote Socken und weiße Sportschuhe.

c Sie hat eine dicke grüne Jacke, einen roten Rock, eine grüne Strumpfhose und einen gelben Schal an. Ihre Mütze ist auch grün und ihre Handschuhe sind schwarz. Sie hat schwarze Stiefel an.

d Er trägt ein weißes Hemd und einen blauen Pulli. Er hat auch einen grünen Schlips und eine graue Hose an. Seine Schuhe sind schwarz.

e Sie trägt eine rotkarierte Bluse und Jeans. Ihre Socken sind weiß und ihre Schuhe sind schwarz.

f Sie trägt einen rosaroten Badeanzug, eine weiße Bademütze und eine Schwimmbrille.

2 Welche Farbe?

Sprachtips

Ich trage	einen	roten	Pulli/Schlips/Mantel/Hut/Rock/Schal/Anorak/Badeanzug/BH
Er/sie trägt	eine	rote	Hose/Jacke/Mütze/Jeanshose/Wolljacke.
Trägt er/sie	ein	rotes	Polohemd/Kleid/Hemd
		rote	Handschuhe/Socken/Schuhe/Stiefel

3 Was sagst du? Ich trage …

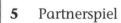

1 2 3 4 5

6 7 8 9 10

4 Kartenspiel: Quintett

5 Partnerspiel

6 Was tragen wir? (1–8)

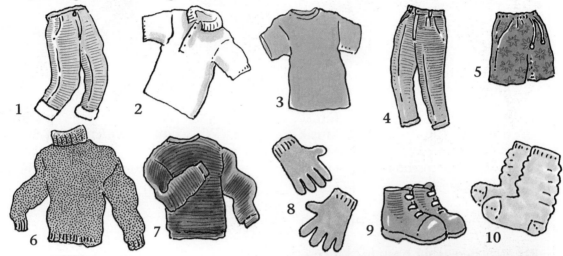

Zu Hause

In der Schule trage ich …

Am Wochenende trage ich …

4 Ich gehe zur Schule

Schulfächer

1   2   3   4   5   6   7   8   9   10   11   12   13   14   15   16   17   18   19

$2 + 2 = 4$ ✓
$6 - 3 = 2$ ✗

1   Partnerarbeit
Könnt ihr die Fächer den Bildern zuordnen?

a Erdkunde
b Geschichte
c Kochen
d Sozialwissenschaften
e Physik

f Kunst
g Musik
h Mathematik
i Deutsch
j Latein

k Sport
l Wirtschaftswissenschaft
m Informatik
n Textilgestaltung
o Französisch

p Chemie
q Biologie
r Theater
s Religion

2a   Welche Fächer haben wir? (1–5)

2b   Welche Fächer hast du? Mach eine Liste!

3a   Was machen wir gern und was machen wir nicht so gern? (1–8)

3b   Mach eine Umfrage!

> Was machst du gern?

> Ich mache Musik gern.

> Was ist dein Lieblingsfach?

> Mein Lieblingsfach ist Sport.

> Was machst du nicht gern?

> Ich mache Chemie nicht gern.

4   Wie findest du Sport? (1–8) Zeichne das passende Bild!

> super
> interessant
> in Ordnung

> langweilig
> nicht so gut
> anstrengend

Mein Stundenplan

	Mo	Di	Mi	Do	Fr	Sa
8–8.45	Bio	Ma	D	Erd	F	Ph
8.50–9.35	Ku	Ch	Ma	Eng	Ma	Ph
9.55–10.40	Ku	F	Eng	Ma	Sowi	Sp
10.45–11.30	D	Eng	Mu	D	Rel	Sp
11.45–12.30	F	Sp	Ges	Ko	Eng	
12.35–13.20	Erd	Sp	Ch	Ko	D	

5a Partnerarbeit: Welche Fächer hat Sandra?

5b Stellt euch gegenseitig Fragen!

Beispiel:

> Was hat sie am Dienstag um 8.50 Uhr?

> Chemie.

6 Welche Fächer hast du?

a am Montag um 10.00 Uhr

b am Mittwoch um 9.30 Uhr

c am Donnerstag um 11.50 Uhr

d am Dienstag um 15.10 Uhr

e am Freitag um 13.45 Uhr

f am Dienstag um 11.05 Uhr

g am Montag um 14.20 Uhr

h am Donnerstag um 9.45 Uhr

7 Zeichne deinen Stundenplan und füll ihn aus!

Zwischentest 4

I can …

■ count to a hundred in fives
■ ask and say what time it is
■ talk about my daily routine
■ describe what I am wearing
■ say what other people are wearing

■ list my school subjects
■ say which subjects I like and dislike
■ say what I think of sport and maths

Wiederhole Zwischentest 3!

5 ► *Große Pause!*

Ein Fragebogen

Bist du ein guter Schüler?
Sei ehrlich!

	meistens	manchmal	nie
1 Gehst du gern zur Schule?			
2 Bringst du immer deine Bücher mit?			
3 Vergißt du manchmal deine Sportsachen?			
4 Machst du immer deine Hausaufgaben?			
5 Bist du immer pünktlich?			
6 Kommst du gut mit deinen Mitschülern aus?			
7 Ißt du gesund?			
8 Kommst du gut mit deinen Lehrern aus?			
9 Übst du regelmäßig für die Schule?			
10 Bist du immer guter Laune?			
11 Räumst du deine Schultasche auf?			
12 Sind deine Bleistifte gespitzt?			
13 Hast du immer einen Ersatzkuli oder eine Patrone mit?			

meistens = 3 Punkte   manchmal = 2 Punkte   nie = 1 Punkt

Wenn du mehr als 30 Punkte hast, bist du ein braver Schüler!

Wenn du zwischen 20 und 30 Punkte hast, bist du ein guter Schüler.

Wenn du weniger als 20 Punkte hast, bist du wenigstens ehrlich!

ehrlich = *honest*	immer = *always*	üben = *to practise/revise*
Ersatz = *spare*	manchmal = *sometimes*	weniger als = *fewer than*
gesund = *healthy*	meistens = *mostly*	wenigstens = *at least*
guter Laune = *in a good mood*	nie = *never*	
	regelmäßig = *regularly*	

6 Mahlzeit!

Das Frühstück

1a

1	ein Ei
2	Brot
3	Butter
4	Aufschnitt
5	Käse
6	Kaffee
7	Kakao
8	Milch
9	Marmelade

Was ißt du zum Frühstück? (1–9)

1b Kartenspiel: Bildet Paare!

1c Was ißt du zum Frühstück? | Ich esse ...

Zweites Frühstück

Butterbrote:
1 Schinkenbrot
2 Käsebrot
3 Wurstbrot

4 Apfel
5 Orangensaft
6 Schokoladenriegel
7 Chips
8 Joghurt

2a Was ißt du während der Pause? (1–8)

2b Macht eine Umfrage! Was eßt ihr in der Pause?

Das Mittagessen

1 Suppe
2 Hähnchen
3 Wurst
4 Kartoffeln
5 Pommes
6 Salat
7 Gemüse
8 Obst
9 Joghurt
10 Fleisch
11 Schnitzel
12 Pizza

Kaffee und Kuchen

1 Kaffee
2 Käsekuchen
3 Plätzchen
4 Obsttorte
5 Sahnetorte
6 Pflaumenkuchen

Das Abendessen

1 Brot
2 Käse
3 Aufschnitt
4 Salate

3 Welches Essen ist es? (1–4)

4a Was ißt du heute zu Mittag? (1–4)

4b Was hast du gestern gegessen? (1–5)

5 Mach eine Umfrage!

Wähle ein Thema aus *(Choose one topic):*
a Was ißt du heute zu Mittag?
b Was hast du gestern gegessen?
c Was ist dein Lieblingsessen?

Zu Hause
Schreib eine Speisekarte für das Mittagessen in der Schule!

7 Am Abend

a Ich übe

b Ich helfe meiner Mutter

c Ich faulenze

d Ich lese

e Ich habe eine Gitarrestunde

f Ich spiele mit meinen Freunden

g Ich spiele auf meinem Computer

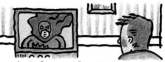

h Ich helfe meinem Vater

i Ich gucke Fernsehen

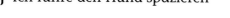

j Ich führe den Hund spazieren

k Ich fahre Rad

1a Was machen wir heute abend? (1–5)

1b Was hast du gestern gemacht? (1–5)

2 Partnerarbeit: Was machen sie heute abend?

> Was macht Konrad?

> Er liest.

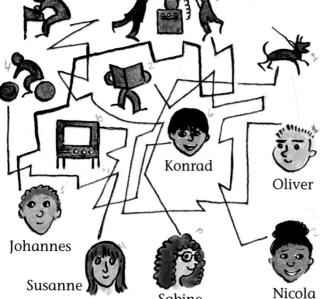

Konrad

Oliver

Johannes

Susanne

Sabine

Nicola

Lerntips

ich	fahre	er / sie	fährt
	faulenze		faulenzt
	führe		führt
	gucke		guckt
	habe		hat
	helfe		hilft
	lese		liest
	mache		macht
	spiele		spielt
	übe		übt

For more on verbs see Word Patterns 8.

3 Partnerarbeit: Bildet Paare!

Was für eine Sendung ist das?

1 Nachrichten   **a** Lindenstraße

2 Spielfilm   **b** Der große Preis

3 Kindersendung   **c** Tagesschau

4 Musiksendung   **d** Sportstudio

5 Krimi   **e** Hitparade

6 Serien   **f** Schneewittchen und die sieben Zwerge

7 Quizsendung   **g** Sesamstraße

8 Tiersendung   **h** Columbo

9 Sportsendung   **i** Frankensteins Schwiegermutter

10 Zeichentrickfilm   **j** Ein Heim für Tiere

4a Was für Sendungen sind es?

Neighbours   *Match of the Day*   *Top of the Pops*   *Coronation Street*

4b Könnt ihr euch weitere Beispiele überlegen?

5a Was für eine Sendung ist es? (1–3)

5b Was für Sendungen sehen wir gern und was sehen wir nicht so gern? (1–8)

6 Mach eine Umfrage! Was sind eure Lieblingssendungen?

Zu Hause

Überlegt euch ein ideales Programm für 'Kanal Spaß'.

8 ▶ Am Wochenende

Wir gehen in die Eisdiele

KARTE

DM

Eisbecher

1	Himbeer	4.00
2	Erdbeer	4.00
3	Zitrone	4.00
4	Schokolade	4.00
5	Vanille	4.00
6	Pfirsich	4.00
7	Pistazien	4.00
8	Mokka	4.00
9	Portion Sahne	1.50

Warme Getränke

10	Tasse Kaffee	2.50
11	Cappuccino	3.00
12	Kakao	3.00
13	Glas Tee mit Milch oder Zitrone	2.50

Kalte Getränke

14	Cola	2.50
15	Apfelsaft	2.00
16	Orangensaft	2.50
17	Mineralwasser	2.00

1a Was bestellen sie? (1–8)

1b Was kostet es?

2a Partnerarbeit: Was sagst du?

Ich möchte:

a   b   c   d   e   f   g

2b Memoryspiel: Was bestellen sie? (1–8)

2c Memoryspiel

Der erste bestellt etwas. Die anderen wiederholen es und fügen etwas Neues hinzu.

QUIZ
Was machst du lieber?

1 Gehst du lieber ins Kino oder ins Theater?

2 Trinkst du lieber Tee oder Kaffee?

3 Ißt du lieber Pommes oder Obst?

4 Liest du lieber Bücher oder Zeitschriften?

5 Hörst du lieber Pop- oder Rockmusik?

6 Trägst du lieber eine normale Hose oder Jeans?

7 Siehst du lieber eine Sportsendung oder einen Film?

8 Magst du lieber Himbeereis oder Erdbeereis?

9 Was ist deine Lieblingsfarbe?

10 Was ist dein Lieblingsfach?

11 Was ist dein Lieblingshaustier?

12 Was ist dein Lieblingsessen?

13 Was ist dein Lieblingsgetränk?

3 Finde jemanden in deiner Klasse, der die gleiche Antwort gegeben hat wie du!
(Find someone in your class who gave the same answer as you.)

4 Klassenspiel: Wie gut kennt ihr eure Mitschüler?

Zu Hause

Schreib deine Antworten auf!

Beispiel:
Ich gehe lieber …
Mein Lieblingsgetränk ist … usw.

Lerntips

Regelmäßige Verben		
ich-form	du-form	er-/sie-form
gehe	gehst	geht

Unregelmäßige Verben		
ich-form	du-form	er-/sie-form
esse	ißt	ißt
lese	liest	liest
mag	magst	mag
sehe	siehst	sieht
trage	trägst	trägt

9 ► *Lernzielkontrolle*

I can …

1	ask and tell the time and count to 100:	Wie spät ist es? Wieviel Uhr ist es?	Es ist	zwei Uhr. Viertel vor/nach … halb …

2   say what I do on a normal
      school day:

            Ich stehe um … Uhr auf. Ich wasche mich
               und putze mir die Zähne.
            Ich ziehe mich an und frühstücke und
               gehe zur Schule.
            Ich komme um … Uhr nach Hause und
               mache meine Hausaufgaben usw.

3   say what I am wearing and what I
      wear for school and at the weekend:

            Für die Schule trage ich … und am
            Wochenende trage ich …

4   say what subjects I do and explain
      my timetable:

            Ich habe Mathe, Englisch usw.
            Die Schule beginnt um … Uhr und ist um
               … Uhr aus.

5   talk about meal times and say what
      foods I like and dislike:

            Ich esse gern … und ich esse … nicht gern.

6   say what I do in the evening or in my
      free time:

            Ich | mache meine Hausaufgaben.
                        faulenze.
                        lese.
                        spiele mit meinen Freunden.
                        spiele auf meinem Computer.
                        helfe meiner Mutter/meinem
                          Vater.
                        gucke Fernsehen.

7   explain what sort of programme a
      television programme is:

            … ist ein Spielfilm/eine Kindersendung usw.

8   order an ice cream:

            Ich möchte ein …

Wiederholung

A *Hören*

1 Wie spät ist es? (1–5)

2.15	4.30	7.15	12.30	17.35	13.15	10.55	20.20
a	b	c	d	e	f	g	h

2 Wie heißen sie? (1–5)

Peter   Annette   Sabine   Karl   Katarina

3 Was bestellen sie? Was kostet das? (1–6)

a   b   c   d   e   f

B *Lesen*

You are doing some research about school life in Germany. Can you find out the following details from Thomas' letter?

a When does Thomas get up?

b What does Thomas do in his break?

c What is different about Saturdays?

d How does Thomas spend his afternoons?

e How does Thomas spend his evenings?

C *Schreiben*

1 Was trägt Ute? Was trägt Hans?

Ute trägt eine weiße Hose …
Hans trägt …

2 Schreib einen Brief an Thomas!

Lieber Craig!

Also, jetzt schreibe ich wieder! Was gibt's denn Neues in der Schule?! Nicht sehr viel. Sieben Uhr: ich stehe auf. Viertel vor acht: ab in die Schule. Acht Uhr: der Unterricht beginnt. Eine Stunde dauert fünfundvierzig Minuten. Dann haben wir eine Pause von fünf Minuten, und nach zwei Stunden ist die große Pause – die dauert eine ganze Viertelstunde! Ich esse dann mein zweites Frühstück.

Normalerweise haben wir sechs Stunden pro Tag (am Samstag nur vier). Ich bin um halb zwei wieder zu Hause. Ich mache dann meine Hausaufgaben oder, wenn das Wetter gut ist, spiele ich draußen Fußball. Abends gehe ich dann zu einem Freund oder sehe fern.

Tschüß, Thomas

Die Umgebung

1 In der Stadt

2 der Bahnhof

3 die Jugendherberge

4 das Rathaus

5 das Schwimmbad

1 die Kirche

7 der Park

6 die Post

1 Was gibt es in Neustadt und was gibt es in Altdorf?

42/43

2 Kartenspiel

3 Welches Symbol gehört zu welchem Gebäude?

a   b   c   d   e   f   g

h   i   j   k   l   m   n

4 Partnerarbeit

Trag die Wörter in die richtige Spalte ein.

Maskulinum	Femininum	Neutrum	Mehrzahl
der	die	das	die

9 der Marktplatz

8 der Supermarkt

10 das Museum

12 die Polizeiwache

11 das Hotel

13 das Schloß

14 die Bibliothek

Lerntips

der, **die** oder **das**?
Words ending in **-hof** *are* **der** *words because it is* **der** Hof.
Words ending in **-haus** *are* **das** *words because it is* **das** Haus.
Words ending in **-o** *are mostly* **das** *words, e.g.* **das** Büro.
Most words ending in **-e** *are* **die** *words, but not all (e.g.* **der** Name, **der** Junge).

5 Schreib die neuen Wörter in die richtige Spalte!

Wie heißen sie auf englisch?

der	die	das

1 Busbahnhof 2 Krankenhaus 3 Gasthaus 4 Schule

5 Freibad 6 Hallenbad 7 Reisebüro 8 Kinderspielplatz

9 Kino 10 Kneipe 11 Tankstelle 12 Gasthof

6 Mein Schulweg: Welche Gebäude sehen wir unterwegs? (1–10)

7 Kannst du den Plan ausfüllen?

Zeichne einen Plan von deiner Stadt (oder von einer Phantasiestadt)!

2 ▸ *Wie komme ich...?*

> Wie komme ich zum Rathaus?

> Wie komme ich zur Schule?

> Wie komme ich zum Bahnhof?

> Wie komme ich zur Kirche?

1a Wohin wollen sie? (1–10)

1b Partnerarbeit: Wie fragst du ...?

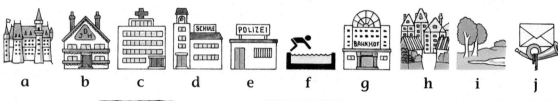

| a | b | c | d | e | f | g | h | i | j |

die Kreuzung   die Ampel   der Bahnübergang

die Brücke   die Autobahn   die Fußgängerzone

Lerntip

Use **zum** *with* der *and* das *words.*
Use **zur** *with* die *words.*

Sprachtips

Sie nehmen Du nimmst	die	erste/nächste/zweite	Straße	← → links/rechts.
Sie gehen **Du gehst**	hier geradeaus. ↑			
	über die Brücke/Kreuzung/den Bahnübergang/den Marktplatz.			
	bis zur Kreuzung/Ecke und dann links/rechts.			
	an der Ampel vorbei.			

Lerntip

Use **Sie fahren** *and* **du fährst** *instead of* **Sie gehen** *and* **du gehst** *if you are going by car or other transport.*

78

2a Wohin gehen sie? (1–8)

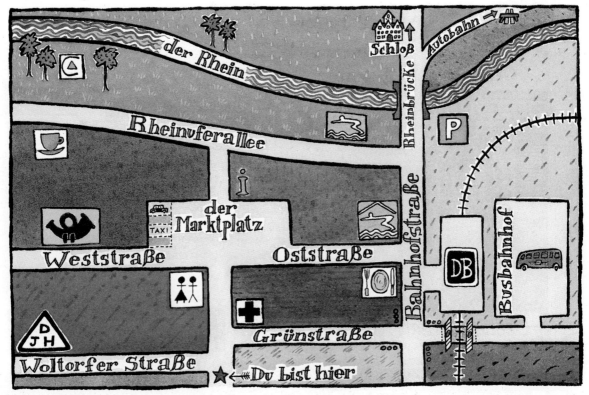

2b Wie hieß die Frage?

1 Du nimmst die nächste Straße links und sie ist auf der rechten Seite.

2 Du fährst die erste Straße rechts, die nächste links und immer geradeaus über die Brücke und dann rechts.

3 Du gehst hier geradeaus, über den Marktplatz, weiter geradeaus, dann rechts und es ist auf der linken Seite.

4 Du nimmst die erste Straße rechts, über die Kreuzung, über den Bahnübergang, dann ist er auf der linken Seite.

5 Du nimmst die zweite Straße links und sie ist auf der rechten Seite.

6 Sie fahren hier gleich rechts, die nächste Straße links, über die Brücke und dann gleich links.

3a Kartenspiel

3b Jetzt seid ihr dran. Bildet Dialoge!

Sprachtips

Der Bahnhof Er	Die Schule Sie	Das Rathaus Es	ist auf der linken/rechten Seite.

Zu Hause

Überlegt euch weitere Beispiele für einen Partner/eine Partnerin.

3 Ein Stadtbummel

Geschäfte

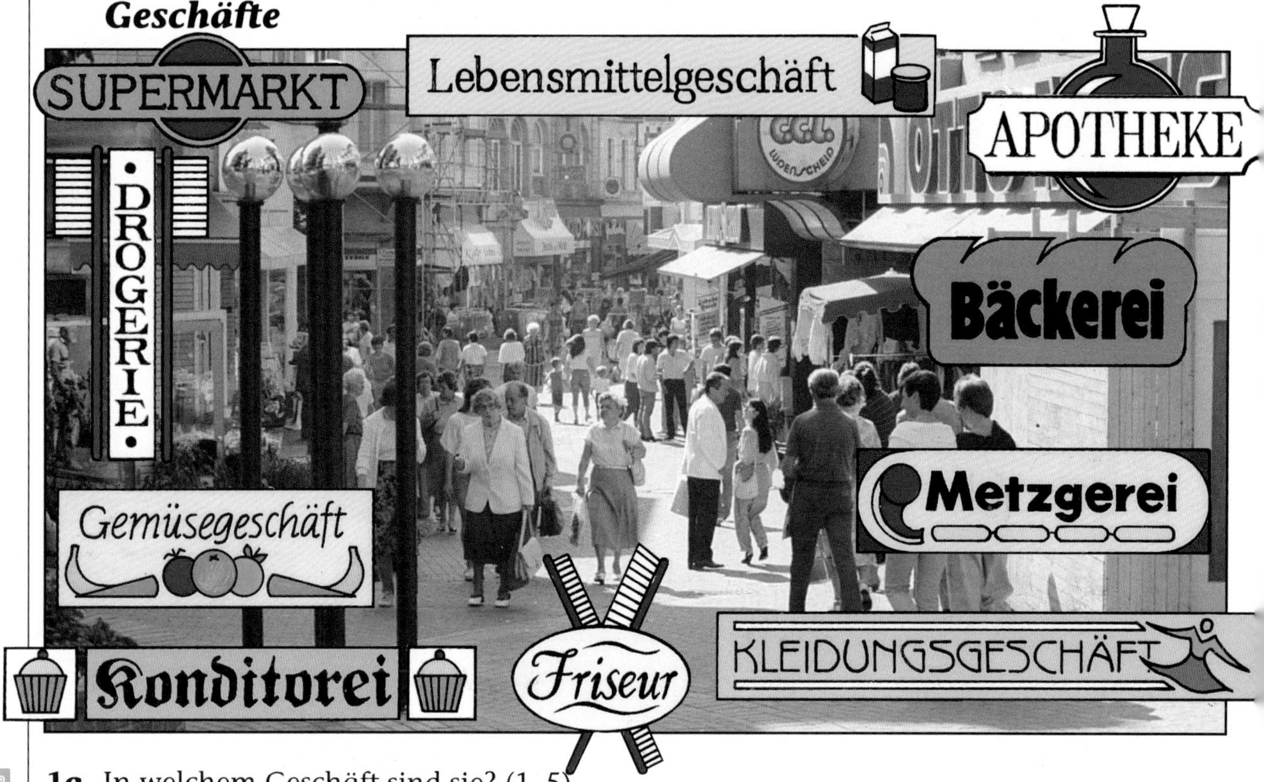

1a In welchem Geschäft sind sie? (1–5)

1b Wohin gehst du?

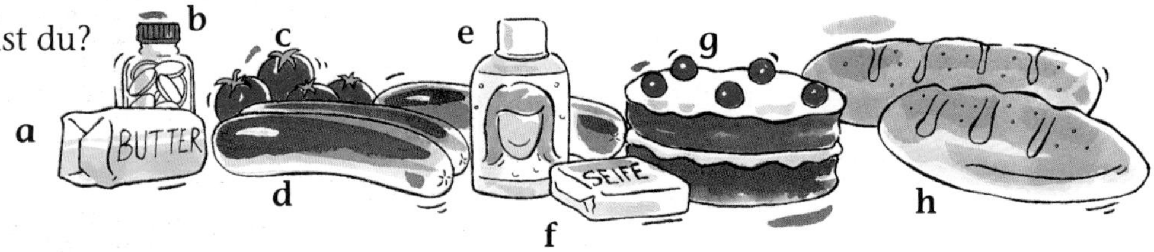

2a Partnerspiel. Bildet Paare!

Ich bin in das Blumengeschäft gegangen ...

... und ich habe eine Pflanze gekauft.

das Schuhgeschäft
die Tierhandlung
das Blumengeschäft
das Elektrogeschäft
das Fotogeschäft
die Buchhandlung
das Schreibwarengeschäft
das Spielzeuggeschäft

... eine Pflanze
... Briefpapier;
... ein Paket Hundefutter;
... einen Film;
... ein Paar Sandalen;
... ein Modellflugzeug;
... ein Buch;
... einen Haartrockner

46/47 **2b** Kartenspiel: Duett

In der Bäckerei

Weißbrot　　Schwarzbrot　　Roggenbrot　　Brötchen

Pizza　　Käsekuchen

Obsttorte　　Schokoladenkuchen　　Pflaumenkuchen

3　Partnerarbeit: Übe den Dialog!

Ich möchte …

Sonst noch etwas?

Ich möchte …

Ist das alles?

Ja. Was macht das?

OFFEN

GESCHLOSSEN

4　Was hat Silke vergessen?

Einkaufszettel

Brot　　Zucker
Butter　　Tee
Äpfel　　Kaffee
Bananen　　Yoghurt
Wurst　　Käse

5　Memoryspiel!

Ich bin in den Supermarkt gegangen und ich habe … gekauft.

Zu Hause

Schreib einen Einkaufszettel! In welche Geschäfte gehst du?

SCHNELLIMBISS

Hamburger

DM **4.50**

Cheeseburger

DM **5.00**

Hot Dog Spezial

DM **3.50**

Bratwurst

DM **3.50**

Currywurst

DM **3.50**

Schaschlick

DM **4.00**

Käse-Schinkentoast

DM **3.50**

Käsetoast

DM **3.00**

Pommes

DM **2.50**

Cola

DM **2.00**

Orangensaft

DM **2.00**

Kaffee   **Tee**

DM **3.00** DM **2.50**

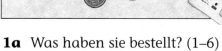

1a Was haben sie bestellt? (1–6)

1b Was kostet es?

2 Was sagst du? Ich möchte …

a   b   c   d   e   f

3 Partnerarbeit: Übe den Dialog!

Was wünschen Sie?

Ich möchte…

Sonst noch etwas?

Ja.

Nein, danke. Das ist alles.

… DM bitte.

4 Wie heißt das auf deutsch?

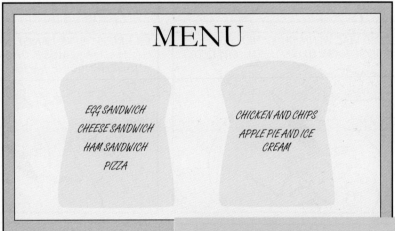

MENU

EGG SANDWICH

CHEESE SANDWICH

HAM SANDWICH

PIZZA

CHICKEN AND CHIPS

APPLE PIE AND ICE CREAM

5a Was bestellen sie? (1–8)

5b Gruppenspiel: Ich gehe ins Café und ich bestelle …

6 Mach eine Speisekarte!

Zwischentest 5

I can…

- name 8 buildings in my (nearest) town
- ask for and give directions to 2 places
- name 6 shops and one thing that I can buy in each of them
- order 3 things from the menu on page 82

Wiederhole Zwischentest 4!

5 Große Pause!

lügen = *to tell a lie*

ICH HAB' MIR EIN NEUES BUCH GEKAUFT : PINOCCHIO !

BIN GERADE AN DER STELLE, WO PINOCCHIO EINE SEINER LÜGEN-GESCHICHTEN ERZÄHLT ...

... UND JEDES MAL, WENN PINOCCHIO LÜGT, BEGINNT SEINE NASE ZU WACHSEN... ER LÜGT...

ER KRIEGT EINE LANGE NASE! HA, HA, HA ... MUSS DAS KOMISCH AUSSEHEN! EINE LANGE NASE ...

BLÖDES BUCH !

6 ▸ Wir fahren

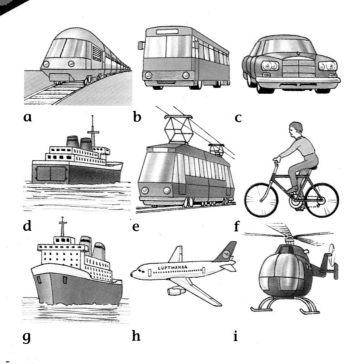

a   b   c

d   e   f

g   h   i

1 das Flugzeug
2 die Straßenbahn
3 das Auto/der Wagen
4 der Zug
5 das Schiff
6 das Rad
7 der Bus
8 der Hubschrauber
9 die Fähre

1a   Hör zu und wiederhole! Welches Bild ist das? (1–9)

1b   Kartenspiel: Bildet Paare!

2a   Übertrage die Tabelle auf einen Zettel und schreib die Wörter in die richtige Spalte!

Maskulinum	Femininum	Neutrum

2b   Füg diese Wörter hinzu!

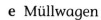

a Lastwagen   **b** Rennrad   **c** Feuerwehrauto   **d** Seilbahn   **e** Müllwagen

f S-Bahn   **g** BMX Rad   **h** Krankenwagen   **i** Düsenflugzeug

j U-Bahn   **k** Raumschiff   **l** Motorrad   **m** Linienbus   Zu Fuß

Wie fährst du?

Sprachtips

Ich	fahre		dem	Zug/Wagen/Auto.
			der	Bahn/Straßenbahn/Fähre.
	fliege	mit	dem	Flugzeug.
Fährst du			dem	Zug/Wagen/Auto?
			der	Bahn/Straßenbahn/Fähre?

Ich gehe zu Fuß.

3 Was sagst du?

a b c d e

f g h i j

 50a

4 Wie und wohin fahren sie?

5 Wie kommst du am besten ...?

a zur Schule

b in die Stadt

c zum Schwimmbad

d zur Post

e zum Bahnhof

f nach Frankreich

g nach Amerika

h nach London

i nach Deutschland

j zum Mond

Lerntip

Mit *is a trigger word. After* **mit** **der/das** *become* **dem,** *and* **die** *becomes* **der.** *See Word Patterns 9.*

Zu Hause

Bilde fünf Sätze!

Beispiel:
Ich fahre mit dem Rad in die Stadt.

7 ▶ Schildersprache

1 Partnerarbeit: Bildet Paare!

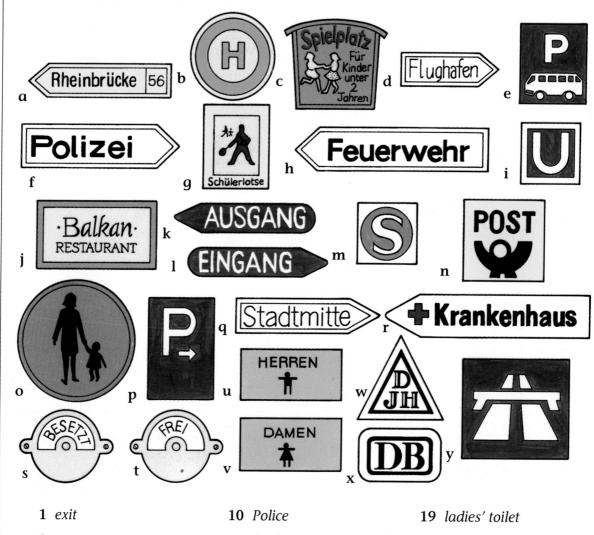

1	exit	10	Police	19	ladies' toilet
2	entrance	11	fire brigade	20	men's toilet
3	town centre	12	bus stop	21	engaged
4	car park	13	airport	22	free
5	coach park	14	post office	23	German Railways
6	Rhine bridge	15	school crossing patrol	24	motorway
7	underground (railway)	16	hospital	25	youth hostel
8	suburban railway	17	restaurant		
9	playground	18	pedestrian area		

7 ▶ *Das Wetter*

Es regnet, es regnet,
der Kuckuck wird naß.
Es regnet, es regnet,
es grünet das Gras.

Es regnet, es regnet,
es regnet seinen Lauf.
Und wenn's genug geregnet hat,
dann hört es wieder auf.

April, April, April,
der weiß nicht, was er will.
Mal Regen und mal Sonnenschein,
dann schneit es wieder zwischendrein.
April, April, April,
der weiß nicht, was er will.

2 Drei Gedichte.
Wähle ein Gedicht zum Auswendiglernen aus!

3a Welchen Tag haben wir heute? (1–7)

3b Übe mit einem Partner/einer Partnerin.

Beispiel:

> Wie ist das Wetter am Montag?

> Es regnet. Wie ist das Wetter …?

am Montag	am Dienstag	am Mittwoch	am Donnerstag
	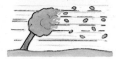		
es ist neblig	es ist windig	es schneit	es donnert und blitzt (ein Gewitter)

am Freitag	am Samstag	am Sonntag
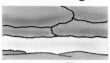	es regnet	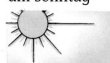
es ist wolkig	es regnet	die Sonne scheint

4 Hör zu und füll das Tagebuch aus!

Zu Hause

Wie ist das Wetter heute?

8 Ich wohne auf dem Land

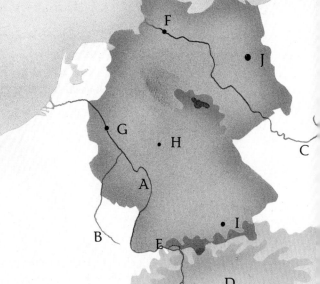

1 Kannst du die Karte beschriften?

2a Wo wohnen sie? (1–8)

Ich wohne …

in den Bergen

auf dem Land

an der Küste

in einem Dorf

in einer kleinen Stadt

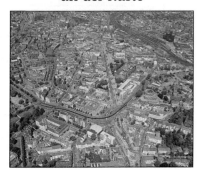

in einer großen Stadt

2b Wo wohnst du?

Ich wohne …

Sprachtips

| in einem Vorort von … | = | *in a suburb of …* |
| in einem Ortsteil von … | = | *in a district of …* |

Ich heiße Claas. Ich wohne in Nordfriesland. Mein Vater ist Landwirt und wir wohnen auf einem Bauernhof. Meine Mutter hilft meinem Vater bei der Arbeit. Sie melkt die Kühe und ich füttere die Hühner und sammle die Eier ein.

Wir haben Kühe, Kälber, Hühner und Schweine. Wir haben auch eine Ziege,

einen Hund und mehrere Katzen.

Meine Hobbys sind Tierhaltung und Arbeit auf dem Bauernhof, Lesen und Radfahren.

Wie heißt Du, wo wohnst Du, und was sind Deine Hobbys?

Tschüß

Claas

3a Stimmt das?

a Claas wohnt auf dem Land.

b Er wohnt in einem Hochhaus.

c Sein Vater ist Friseur.

d Sie haben Kühe, Schweine und Pferde.

e Er melkt die Hühner.

f Er füttert die Kühe.

g Seine Mutter sammelt die Eier ein.

h Sie haben einen Hund.

i Sie haben keine Katzen.

j Er fährt gern Rad und liest gern Bücher.

3b Verbessere die falschen Sätze!

Zu Hause
Schreib einen Brief an Claas!

9 ▸ *Lernzielkontrolle*

I can…

1 say the names of buildings in a German town, and recognise if they are masculine, feminine or neuter words:

In der Stadt sind:
der Bahnhof/der Park/der Gasthof usw.
die Post/die Kirche usw.
das Schloß/das Museum usw.

2 ask the way to 8 of them:

Wie komme ich | **zum** Bahnhof/Rathaus?
| **zur** Schule/Kirche?

3 say the names of 8 shops:

der Supermarkt/der Friseur usw.
das Lebensmittelgeschäft/das Schuhgeschäft usw.
die Drogerie/die Tierhandlung usw.

4 name one thing which you can buy in each:

Im/in der … kann man … kaufen.

5 order 3 things for myself and 3 for my partner from the menu on page 82.

Ich möchte …

6 name 3 means of transport:

der Zug   der Wagen   das Rad
der Bus   die Fähre   das Schiff
das Auto   die Straßenbahn   das Flugzeug

7 say and ask how I would get to 3 places:

Ich | fahre   mit | dem Zug/Wagen/Auto.
| fliege | dem Flugzeug.
Fährst du | der Bahn?
Ich gehe zu Fuß.

8 say where I live:

Ich wohne: in den Bergen, in einem Dorf, in einer kleinen/großen Stadt, auf dem Land, an der Küste, in einem Vorort, in einem Ortsteil von …

Wiederholung

A *Hören*

1 Wie fahren sie? (1–7)

 a  b  c

 d e  f 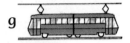 g

2 Wohin gehen sie? (1–5)

B *Lesen*

Mach zwei Listen: 'Das stimmt' und 'Das stimmt nicht'!

a Ralf ist 13.

b Er wohnt in der Stadt.

c Er hilft nicht auf dem Bauernhof.

d Seine Mutter arbeitet an einer Schule.

e Es gibt Hühner auf dem Bauernhof.

f Er findet Sport langweilig.

Hallo! Ich heiße Ralf und ich wohne in Norddeutschland, nicht weit von Hamburg. Ich bin dreizehn Jahre alt.

Ich wohne auf einem Bauernhof. Wir haben ziemlich viele Tiere, hauptsächlich Kühe. Ich helfe mit der Arbeit, ich sammle die Eier ein und ich helfe auch beim Melken.

Meine Mutter ist Lehrerin, aber nicht an meiner Schule! Ich muß manchmal auch einkaufen gehen, aber meistens habe ich viel Freizeit, und ich treibe gern Sport.

Ralf

C *Schreiben*

1 Wie heißen die Gebäude?

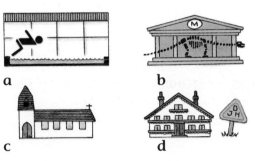

a b

c d e f

2 Schreib einen Brief an Ralf!

Das bin ich!

1 Das Gesicht

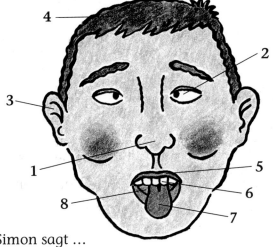

4
2
3
1
5
8
6
7

a das Auge (n)

b das Ohr (en)

c das Haar (e)

d die Lippe (n)

e der Mund

f die Nase

g der Zahn (¨e)

h die Zunge

1a Hör zu! Simon sagt …

1b Weiterspielen! Der Gewinner wird Simon!

2 Übe mit einem Partner/einer Partnerin!

lächeln	=	to smile
weinen	=	to cry
schlafen	=	to sleep
aufwachen	=	to wake up

> Die Nummer … ist das linke/rechte Auge.

3 Partnerarbeit

Beispiel:

a die Haarbürste

b die Taschentücher

c der Lippenstift

d das Shampoo

e die Zahnpasta

f die Sonnenbrille

g der Kopfhörer

h die Ohrringe

Sprachtip

Das Shampoo	ist	für	das Haar.
Die Bonbons	sind		den Mund.

Lerntip

Für *is a trigger word. After* **für**, **der** *becomes* **den**.

4a Hör zu und wiederhole!

| der Rachen | = | *throat* |

Ein Vogel putzt dem Krokodil
   die Zähne tief im Rachen.
Ein Kind das keinen Vogel hat
   muß es wohl anders machen.

Der Löwe ist grad aufgewacht
   er schüttelt seine Mähne.
Wenn Du, mein Kind, den Tag beginnst,
   putzt Du Dir Deine Zähne.

Der gute Bernhardiner Max
   frißt Knochen gern mit Krachen.
Du bist nicht Max! Und mit Bonbons
   darfst Du sowas nicht machen.

Giraffen schlafen nachts im Stehn.
   Sag, findest Du das nett?
Wenn Deine Zähne sauber sind,
   darfst Du ins warme Bett.

4b Kannst du den Text vervollständigen?

Zu Hause
Wähle einen Vers zum Auswendiglernen aus.

2 Körperteile

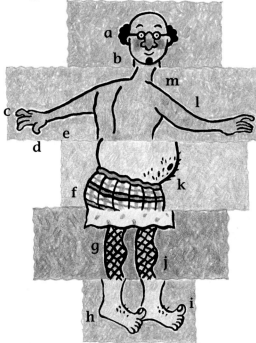

a der Kopf

b der Hals

c der Finger (–)

d die Hand (¨e)

e der Arm (e)

f der Po

g das Bein (e)

h der Fuß (¨ße)

i die Zehe (n)

j das Knie

k der Magen/der Bauch

l der Rücken

m die Schulter

1 Wo tut es weh? (1–8)

2 Partnerarbeit

Beispiel:
Der Hut ist für den Kopf.
Die Socken sind für die Füße.

Lerntip

Remember, after **für**,
der *becomes* **den**.

3 Gruppenspiel: Würfelspiel – Männchen

Du brauchst eine für den Körper.

 für zwei Arme.

 für den Kopf.

 für das rechte Bein.

 für das linke Bein.

 für die rechte Hand.

 für die linke Hand.

die Halskette = *necklace*
das Armband = *bracelet*
das Toilettenpapier = *toilet paper*
die Ohrringe = *ear-rings*

4a Das Monster: Kannst du es zeichnen?

Es hat ein rundes Gesicht, drei grüne Augen, einen violetten Mund, eine schwarze Nase, einen dicken Bauch, vier haarige Beine und acht große Füße.

4b Partnerspiel:

Zeichne heimlich ein Monster! Beschreib es!
Dein Partner/deine Partnerin soll es zeichnen.

5 Falsch oder richtig?

Der Waschbär ist ein nordamerikanischer Kleinbär. Er wohnt in den Bäumen und 'wäscht' seine Nahrung.

Der Bürstenbär ist ein südamerikanisches Nagetier. Er frißt Nüsse und Beeren und sieht ein bißchen wie eine Haarbürste aus.

Der Kokosnußvogel wohnt in Kokospalmen und frißt Insekten, die in den Kokospalmen wohnen und trinkt die Milch aus den grünen Kokosnüssen.

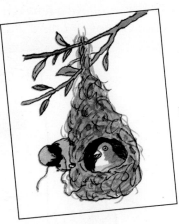

Der Webervogel ist ein Singvogel. Er wohnt in Afrika und Asien. Das Männchen webt sein Nest aus Palmwedeln und das Weibchen guckt zu!

Zu Hause

Zeichne ein Monster und beschreib es!

3 In der Apotheke

Ich habe Kopfschmerzen. 1

Ich habe Halsschmerzen. 2

Ich habe Rückenschmerzen. 3

Mir ist kalt. 10

Mir ist heiß. 11

Meine Hand tut weh. 7

Ich habe Zahnschmerzen. 4

Mir ist übel. 9

Mein Bein tut weh. 8

Mein Finger tut weh. 7

Ich habe Fieber/ eine Grippe. 5

6

1a Was ist mit ihnen los? *(What's wrong with them?)* (1–8)

1b Partnerarbeit: Was ist mit dir los?

a

b

c

d

e

Sprachtips

tut weh = *hurts*
Mir ist übel. = *I feel sick.*
Ich habe Fieber. = *I have a temperature.*
Ich habe eine Grippe. = *I have 'flu.*

98

2 Partnerarbeit: Ordnet die Krankheiten den Mitteln zu!

Ich habe einen Schnupfen.

Taschentücher

Kohletabletten

Ich habe mich in den Finger geschnitten.

Schmerztabletten

Ich habe Magenschmerzen.

Hustentropfen

Ich habe Husten.

Ich habe einen Sonnenbrand.

Sonnenbrandsalbe

Pflaster

Ich habe Zahnschmerzen.

Ich habe Halsschmerzen.

Halsschmerztabletten

3 Rollenspiel

Guten Tag! Wie kann ich Ihnen helfen?

Haben sie ein Mittel gegen …

Hast du Fieber?

Ja/nein …

Ja, hier sind …
ist …

Wie oft soll ich sie einnehmen?

Täglich einmal/zweimal; vor/nach dem Essen; nach Bedarf.

Danke.

Bitte.

Zu Hause
Was ist mit dir los?

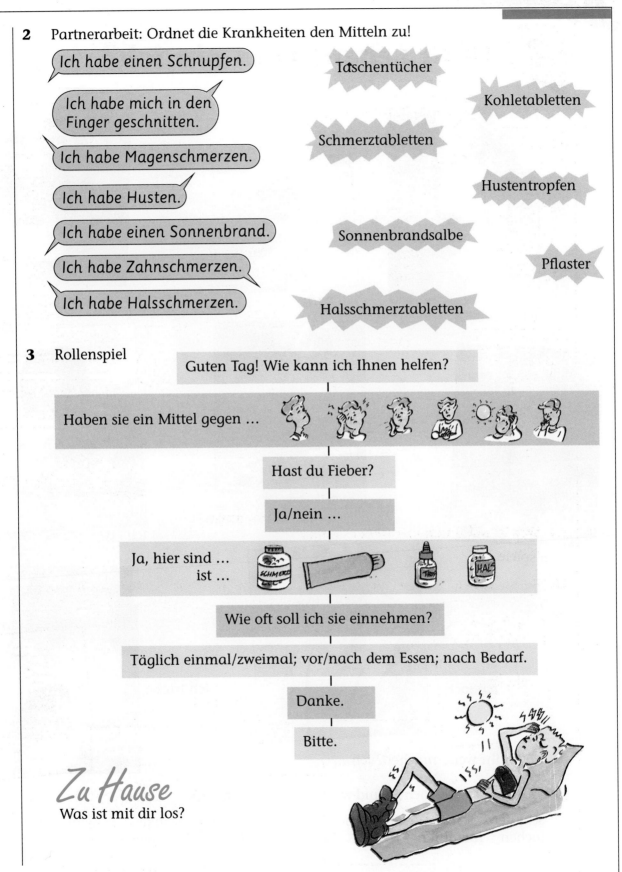

AUF Deutsch!

4 ▸ Mein Leben: Was bin ich?

ich schlafe

ich bade

ich lerne

ich spiele

ich weine

ich esse

ich lache

ich trinke

1a Könnt ihr weitermachen? Ich ...

1b Was ist für euch wichtig und was ist nicht so wichtig?

schlafen   sehen   lesen   gehen   essen   fernsehen   trinken   schwimmen
lachen   radfahren   weinen   laufen   Musik machen   spielen   lernen

2   Partnerarbeit: Wenn-Sätze

Was machst du, wenn …?

Wenn ich Durst habe, …   … lese ich ein gutes Buch.

Wenn ich müde bin, …   … trinke ich etwas.

Wenn ich Fieber habe, …   … arbeite ich.

Wenn ich Langeweile habe, …   … gehe ich ins Bett.

Wenn ich kein Geld habe, …   … schlafe ich.

Wenn ich den Bus verpaßt habe, …   … weine ich.

Wenn mir kalt ist, …   … nehme ich Tabletten.

Wenn die Hausaufgaben
fertig sind, …

Wenn ich traurig bin, …   … gehe ich zu Fuß.

Wenn ich kein Fahrrad habe, …   … wasche ich mich.

Wenn ich schmutzig bin, …   … gehe ich in die Stadt.

Wenn ich eine Hose
kaufen will, …   … schreibe ich mit einem Kuli.

Wenn ich Hunger habe, …   … esse ich.

… komme ich zu spät.

… gucke ich Fernsehen.

… ziehe ich mich warm an.

… fahre ich mit dem Bus.

Könnt ihr euch andere Beispiele überlegen?

Beispiel:
Was machst du, wenn das Wetter gut/schlecht ist?

Zwischentest 6

I can …   ■ name the parts of the face and the body
          ■ say if there is something wrong with me and
          ■ ask for something for it
          ■ say what I do when … (I am thirsty, etc.)

Wiederhole Zwischentest 5!

5 Große Pause!

1   Quiz: Bist du ein Happy-Typ? Ja oder nein?

Fühlst du dich immer wohl in deiner Haut?

Bist du meistens froh und guter Laune?

Kommst du meistens mit deiner Familie gut aus?

Kommst du meistens mit deinen Mitschülern gut aus?

Kommst du mit deinen Lehrern meistens gut aus?

Bist du immer nett und freundlich?

Hilfst du im Haushalt?

Hast du immer viel zu tun, auch wenn es regnet?

Hast du viele Freunde?

Singst du in der Badewanne oder unter der Dusche?

Wenn du mehr als sechsmal 'ja' geantwortet hast,
bist du ein Happy-Typ!

2   Hast du einen 'Zwilling' in der Klasse?

Mein Lieblingshaustier wäre …

Mein Lieblingsgeschenk wäre …

Meine Lieblingsfarbe ist …

Am liebsten esse ich …

Mein Lieblingsgetränk ist …

Meine Lieblingssendung im Fernsehen ist …

Mein Lieblingsbuch ist …

Mein Lieblingsfach in der Schule ist …

Ich würde am liebsten …
kennenlernen.

Finde jemanden, der genauso
geantwortet hat wie du!

Sprachtip

Ich würde am liebsten … kennenlernen.
= *I would most like to know/meet …*

3 Mein Hut, der hat drei Ecken

Mein Hut der hat drei Ek - ken, drei Ek - ken hat mein Hut,

und hat er nicht drei Ek-ken, dann ist er nicht mein Hut!

Gesten

mein – sie zeigen mit dem
Zeigefinger auf sich selbst

Hut – sie legen eine Hand auf den
Kopf

drei – sie halten drei Finger hoch

Ecken – sie winkeln den Ellenbogen
an und legen die Hand ans
Kinn

nicht – sie schütteln den Kopf

4 Schülerwitze

„Was hast du denn heute in Mathe
gehabt?" fragt die Mutter.
„Hunger, Mutti!" antwortet Christine.

„So. Wer sieht besser als der Mensch?"
fragt der Lehrer.
„Der Adler."
„Wer hört besser
als der Mensch?"
„Die Katze."
„Gut. Und wer
riecht besser als
der Mensch?"
„Die Rose!"

Hans kommt nach Hause:
„Heute war es klasse, Vati! Wir haben
Versuche mit explosiven Stoffen
gemacht."
„Und was macht ihr morgen in der
Schule?"
„In welcher Schule?"

Lehrer: „Warum stehen Störche immer
auf einem Bein?"
Schüler: „Wenn sie das andere auch
noch einziehen
würden, würden
sie umfallen!"

6 Welche Größe hast du?

1a Partnerarbeit: Wie groß seid ihr? Meßt euch!

Ihr braucht ein Maßband.
So wird richtig gemessen:
Klebt oder malt ein Maßband an die Wand.
Steht (ohne Schuhe) mit dem Rücken gegen
die Wand.

1b Wie groß sind sie? (1–12)

1c Wer ist der Größte und der Kleinste in ihrer
Klasse?
Wie ist die Durchschnittsgröße in ihrer Klasse?
Ist jemand ebenso groß wie du?

2 Und jetzt findet heraus in eurer Klasse:

   a Wie viele von euren Mitschülern sind
     genauso groß wie du?
   b Wie viele sind größer als du?
   c Wie viele sind kleiner als du?
   d Wie ist die Durchschnittsgröße in eurer
     Klasse?

...... ist/sind genauso groß wie
ich.
...... ist/sind größer als ich.
...... ist/sind kleiner als ich.
Die Durchschnittsgröße in
unserer Klasse ist ...

3a Vergleicht eure Ergebnisse!

Normalgröße		
	Mädchen	Jungen
10 Jahre	138	138
12 Jahre	150	150
14 Jahre	156	162
16 Jahre	162	174

> messen = *to measure*
> Durchschnittsgröße = *average height*
> genauso = *the same as*

3b Überlegt euch! Falsch oder richtig?

Was meint ihr? Was ist normal? Was ist interessant an der Tabelle?

4 Partnerarbeit: Kleidergröße

Meßt euch! Ihr braucht ein Maßband.

So wird richtig gemessen:

a Größe: Steht mit dem Rücken gegen die Wand.
b Brustumfang: Maßband um die Brust führen.
c Taillenumfang: Maßband um die Taille führen.
d Gesäß- oder Hüftumfang. Maßband um den Po führen.
e Ärmellänge. Miß von der Schulter bis zum Handgelenk.

a b c

d e

Schreib deine Personalien auf!

a Ich bin … m groß.
b Mein Brustumfang ist …
c Mein Taillenumfang ist …
d Mein Gesäß- oder Hüftumfang ist …
e Meine Ärmellänge ist …

Meine Kleidergröße ist …

Meine Schuhgröße ist …

Kleidergröße				
a	**b**	**c**	**d**	**Bestell-größe (= Körper-höhe in cm)**
Brust-umfang	Taillen-umfang	Gesäß-umfang	Körper-größe	
56–59	52–55	58–61	99–104	104
58–61	53–56	60–63	105–110	110
60–63	54–57	62–65	111–116	116
62–65	55–58	64–67	117–122	122
64–67	56–59	66–69	123–128	128
66–69	58–61	69–72	129–134	134
68–71	60–63	72–75	135–140	140
70–73	62–65	75–78	141–146	146
72–75	64–67	78–81	147–152	152
75–78	66–69	81–84	153–158	158
78–81	68–71	84–87	159–164	164
82–85	70–73	87–90	165–170	170
86–89	72–75	90–93	171–176	176
90–93	74–77	94–96	175–182	182
94–97	76–79	97–99	183–188	188

Schuhgröße									
Englisch	2	3	4	5	6	7	8	9	10
Deutsch	35	36	37	38	39	41	42	43	44

5 Rollenspiel

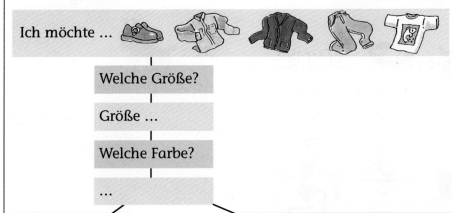

Ich möchte …

Welche Größe?

Größe …

Welche Farbe?

…

Bitte schön. Es tut mir leid. Diese Größe/Farbe haben wir nicht.

Zu Hause

Zeichne ein Schaubild und schreib einen Bericht!
In unserer Klasse … sind … groß.

7 Wortspiele

1a Lies das Gedicht vor! (*Read the poem aloud.*)

Vögel, die nicht singen,
Glocken, die nicht klingen,
Pferde, die nicht springen,
Pistolen, die nicht krachen,
Kinder, die nicht lachen,
was sind das für Sachen?

1b Könnt ihr weitere Strophen schreiben …?

…, die nicht gehen   …, die nicht trinken   …, die nicht essen

…, die nicht sehen   …, die nicht sinken   …, die nicht fressen

2 Bildsprache

1   4

2   5

3

> Der Hase frißt Gras.   Der Hase denkt an die Pistole.
>
> Der Hase läuft weg.   Der Hase sieht den Jäger.   Der Jäger sieht den Hasen.

3a Satzbildung: Wie viele Sätze könnt ihr bilden?

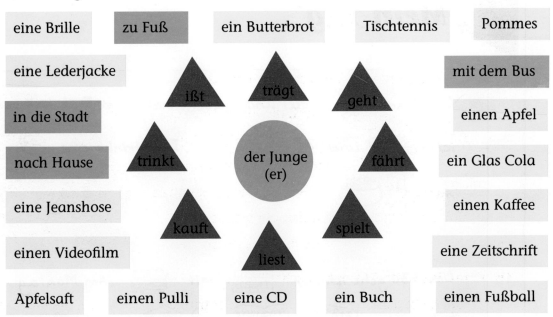

| eine Brille | zu Fuß | ein Butterbrot | Tischtennis | Pommes |

eine Lederjacke — mit dem Bus

in die Stadt — einen Apfel

nach Hause — ein Glas Cola

eine Jeanshose — einen Kaffee

einen Videofilm — eine Zeitschrift

| Apfelsaft | einen Pulli | eine CD | ein Buch | einen Fußball |

Triangles: ißt, trägt, geht, trinkt, der Junge (er), fährt, kauft, spielt, liest

Sprachtips

das Subjekt	das Verb	die Ergänzung	
		direktes Objekt	indirektes Objekt
Susanne (sie)	geht	eine Zeitschrift	nach Hause
	kauft	ein Buch	in die Stadt
	liest	Tennis	mit dem Hund
	spielt	Karten	mit Elke
	wäscht	das Auto	in ihrem Zimmer
	schreibt	einen Brief	im Garten

3b Überlegt euch Sätze, die so gebaut sind:

a ● ▲ ■   b ● ▲ ■ ■   c ▢ ▲ ● ■

d ● ▲   e ● ▲ ▢   f ■ ▲ ● ▢

Zu Hause

Kannst du eine 'Bildsprache-Geschichte' zeichnen und erzählen?

8 Mein Tag

Ich stehe um  auf und wasche mich. Zum Frühstück esse ich 🥣 und 🍞 🧈 🍯 . Ich trinke eine ☕

mit 🥛 🍬 .

Um 7.30 gehe ich zur 🏫 mit 🚐 . Am Montag

haben wir  und 🎵 .

Zu Mittag esse ich 🍲 oder 🧀 und 🍝 oder 🥔

und 🍚 . Als Nachtisch esse ich 🍎 oder 🍰

und ich trinke 🥤 .

Zu Hause mache ich 📖 . Wenn das Wetter schön ist,

spiele ich ⚽ . Wenn das Wetter nicht schön ist

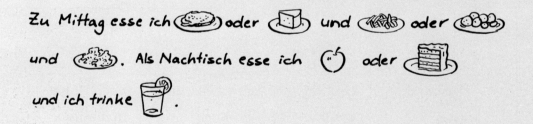 . Um 21.00 🛏 und 📖 ein

bißchen oder 📺 .

Gute Nacht!

---

1 Schreib den Brief ab und füll die Lücken aus!

Ich bin 11 Jahre alt und suche Brieffreunde im Alter von 11 bis 13. Meine Hobbys: Musik, Lesen, Tiere, Briefe schreiben. Bitte schreibt bald an **Jessica Garrecht, Neustraße 23, 40304 Hinterd**

Ich suche viele nette Brieffreunde. Ihr solltet zwischen 11 und 14 sein. Meine Hobbys sind ferngesteuerte Autos, Modellflugzeuge und Computerspiele. **Thomas Reinwarth, Christophstraße 41, 43213 Marienh**

Helft mir. Ich sterbe vor Langeweile. Ich bin 12 Jahre alt und suche Kontakt mit jungen Leuten von 11 bis 14 Jahren. Ich bin 1,63 m groß und habe blonde Haare und blaue Augen. Meine Hobbys sind Briefe schreiben, Reiten, Schwimmen und Ferien. Auf Deinen Brief freut sich **Rainer Nielen, Buchenstraße 27, 12346 Kleinst**

Habt ihr nicht Lust einem 12 jährigen Wassermann-Mädchen zu schreiben? Nehmt doch gleich Blatt und Stift zur Hand und schreibt an **Andrea Overhage, Dresdener Ring 11, 10201 Neumanns**

Michael-Jackson-Fan sucht jede Menge Briefschreiber. Wer hat Lust, meinen Briefkasten zu füllen? Schreibt, wenn möglich mit Bild, an: **Andrea Müller, Flußweg 21, 56782 Rings**

2 Wähle einen Brief aus und schreib eine Antwort.

Übe für die Lernzielkontrolle!

9 Lernzielkontrolle

I can ...

1	name the parts of the face:	das Auge (n), das Ohr (en), das Haar (e), die Lippe (n), der Mund, die Nase, der Zahn (¨e), die Zunge
2	name the parts of the body:	der Kopf, der Hals, der Finger (–), die Hand (¨e), der Arm (e), die Schulter, die Zehe (n), der Fuß (¨sse), das Bein (e), das Knie (n), der Rücken, der Magen, der Po
3	say what is wrong with me and ask for medication:	Ich habe Kopfschmerzen/Halsschmerzen/ Zahnschmerzen … Meine Hand/mein Finger/mein Fuß tut weh. Mir ist übel/kalt/heiß. Ich habe Fieber/eine Grippe. Haben Sie ein Mittel gegen …?
4	say what you do when …:	Wenn ich ∣ Durst/Hunger habe, … ∣ müde/froh/traurig bin, …
5	say how tall I am and what clothes and shoe sizes I take:	Ich bin … m groß. Meine Kleidergröße ist … und meine Schuhgröße ist …

Wiederholung

A Hören

1 Was ist mit ihnen los? (1–5)

2 Eine Schülerin beschreibt sich. Mach Notizen.
   Du hörst alles in dieser Reihenfolge:

1 Vorname	7 Größe
2 Name	8 Lieblingstier
3 Geburtstag	9 Lieblingsfarbe
4 Geburtsort	10 Lieblingsfach in der Schule
5 Augenfarbe	11 Lieblingsgericht
6 Haarfarbe	12 Lieblingsgetränk

B *Lesen*

1 Was muß Sandra nehmen?

a   b

2 Was ist mit Sandra los?

a   b   c

3 Was muß sie machen?

a   b

4 Was macht Sandra?

a   b   c

Liebe Andrea!

Vielen Dank für Deinen Brief. Wie geht es Dir und Deiner Familie? Ich muß Tabletten nehmen! Ich habe nämlich furchtbare Magenschmerzen. Mir ist übel und ich habe Fieber. Der Arzt sagt, daß ich nicht in die Schule muß! Prima!

Ich sehe fern oder spiele Schach. Ich würde lieber draußen spielen, aber wenn man krank ist, kann man nicht radfahren. Ich lese viel, Comics und Bücher und so. Liest Du gern? Was machst Du in der Freizeit?

Schreib bald wieder! (Auf englisch, wenn Du willst.)

Sandra

C *Schreiben*

1 Was tut dem Jochen weh?
Was tut der Annette weh?

2 Schreib eine Antwort an Sandra.

Grammatik ▪ Grammar summary

Hauptwörter (Nouns – naming words)

A noun is a 'naming' word.

(To find out if a word is a noun try saying 'the' in front of it in English.)

In German all nouns are written with a capital letter:

der Hund   mein Bruder   das Haus

They are all masculine, feminine or neuter

Maskulinum	Femininum	Neutrum
Vater	Mutter	Baby
Tisch	Lampe	Radio

Articles and Possessives

The words for 'the', 'a', 'my', 'your', 'his', 'her' and 'not a' change according to whether the noun they go with is masculine, feminine, neuter or plural.
For example:

the dog (m) –   der/den Hund
the cat (f) –   die Katze
the house (n) –   das Haus
the books (pl) –   die Bücher

	Maskulinum	Femininum	Neutrum	Plural
the	der/den	die	das	die
a	ein/einen	eine	ein	—
my	mein/meinen	meine	mein	meine
your	dein/deinen	deine	dein	deine
his	sein/seinen	seine	sein	seine
her	ihr/ihren	ihre	ihr	ihre
not a/no	kein/keinen	keine	kein	keine

The masculine has two forms. The second form is used after verbs: I have a dog, I need a pencil, I haven't a chair.

der Hund – **the dog**	but	Ich habe einen Hund – I have a dog
der Bleistift – **the pencil**	but	Ich brauche einen Bleistift – I need a pencil
der Stuhl – **the chair**	but	Ich habe keinen Stuhl – I haven't a chair

Du, ihr **and** Sie

These all mean 'you'.

Use du when talking to one child or one person who is a close friend or relation – or when talking to an animal.

Use ihr when talking to more than one child or people who are close friends or relations – or to animals.

Use Sie when talking to an adult (or more than one adult) who is not a close friend or relation. This is a polite form.

Verben (Verbs – doing words)

The basic form of the verb is called the **infinitive** and ends in **-en**.

machen = to do or make   trinken = to drink
wohnen = to live   fahren = to go/drive

The Ichform ends in **-e**
ich mache   ich wohne   ich trinke   ich fahre

The Duform ends in **-st**
Was machst du?   Wo wohnst du?   Was trinkst du?   Wohin *fährst du?

The Erform ends in **-t**
Er macht seine Hausaufgaben   Sie trinkt Fanta
Sie wohnt in Hameln   Er *fährt nach London

* fahren is an irregular or 'strong' verb. Strong verbs change in the Du- and Erforms. These verbs are indicated ** in the vocabulary and the new Erform is given.

There are two types of verbs in German: weak and strong verbs.

The pattern of a **regular** (weak) verb:

spielen = to play

singular		*plural*	
ich spiele –	I play	wir spielen –	we play
du spielst –	you play	ihr spielt –	you play
er	he	sie spielen –	they play
sie } spielt –	she } plays	Sie spielen –	you play (polite form)
es	it		

The pattern of an **irregular** (strong) verb.

Some verbs take an Umlaut in the Du- and Erforms:

tragen = to carry/wear

singular		*plural*	
ich trage –	I wear	wir tragen –	we wear
du trägst –	you wear	ihr tragt –	you wear
er	he	sie tragen –	they wear
sie } trägt –	she } wears	Sie tragen –	you wear (polite form)
es	it		

For example: fahren   fährt;   laufen   läuft;   schlafen   schläft
               (to go/drive drives)   (to walk ` walks)   (to sleep sleeps)

Some change the stem in the Du- and Erforms:

singular			*plural*	
ich esse –	I eat		wir essen –	we eat
du ißt –	you eat		ihr esst –	you eat
er	he		sie essen –	they eat
sie } ißt –	she } eats		Sie essen –	you eat (polite form)
es	it			

For example: geben   gibt;   lesen   liest;   sehen   sieht;   nehmen   nimmt
                  (to give   gives)   (to read   reads)   (to see   sees)   (to take   takes)

Some change in the first person singular:

Ich weiß – I know   Ich kann – I can
Ich muß – I must   Ich darf – I may

The verbs sein – 'to be' and haben – 'to have'.

These are probably the commonest verbs in German and they are more irregular than most.

sein		**haben**	
ich bin –	I am	ich habe –	I have
du bist –	you are	du hast –	you have
er/sie/es ist –	he/she/it is	er/sie/es hat –	he/she/it has
wir sind –	we are	wir haben –	we have
ihr seid –	you (pl) are	ihr habt –	you (pl) have
sie sind –	they are	sie haben –	they have
Sie sind –	you are	Sie haben –	you have
	(polite form)		(polite form)

Präpositionen (Prepositions)

These can be called trigger words because they usually trigger a change in the word that follows it.

mit – with
  der Bus   but   mit dem Bus
  das Rad   mit dem Rad
  mein Freund   but   mit meinem Freund
  meine Freundin   mit meiner Freundin

auf and an – on
  der Tisch   but   auf dem Tisch
  die Wand   an der Wand

zu – to
  der Bahnhof   but   zum (zu dem) Bahnhof
  das Rathaus   but   zum (zu dem) Rathaus
  die Post   zur (zu der) Post

für – for (* für only changes masculine words.)
  der Vater   but   für meinen Vater

Wortschatz ▪ Deutsch – Englisch

Letters in brackets after a noun tell you how to form the plural of a word.
   For example: ein Buch/zwei Bücher
* indicates that the word is a verb. Verbs are given in the infinitive.
** indicates an irregular verb (the Erform is also given).
See pages 113–14 to find out how to form the other parts of the verb (Grammar summary).

A

der Abend(-e) – evening
   abstehende – sticking out
der Adler(-) – eagle
   ähnlich – similar
   als – than/when
   am (an + dem) … –
      on/at the …
die Ampel(-n) – traffic lights
   an – on/at
   andere – other
* anmalen – to colour in
   anstrengend –
      tiring/exhausting
* antworten – to answer
die Anleitung(-en) –
      instructions
* sich anziehen – to get dressed
der Apfel(-) – apple
die Apotheke(-n) – chemists
die Arbeit(-) – work
* arbeiten – to work
die Armeslänge(-n) – armlength
   auch – also
   auf – on (in)
   aufgewacht – woken up
   Auf Wiedersehen – goodbye
* aufbewahren – to keep
* aufhängen – to hang up
* aufräumen – to tidy up
der Aufschnitt(-) – sliced
      meat/ sausages
* aufstehen – to get up
* aufwachen – to wake up
das Auge(-n) – eye
   aus – out of/from
* ausfüllen – to fill in
* auskommen – to get on
      with someone;
      to make do with
      something
* ausrollen – to roll out

* ausstechen – to cut out
* auswählen – to choose
die Autobahn(-en) – motorway

B

* backen – to bake
die Bäckerei(-en) – bakery
der Badeanzug(-e) –
      bathing costume
die Badewanne(-n) – bath
das Badezimmer(-) – bathroom
die Bahn(-) – railway
der Bahnhof(-e) – station
   bald – soon
   basteln – to make
* bauen – to build
der Bauernhof(-e) – farm
nach Bedarf – as required
* befragen – to question
   bei – at; near
das Bein(-e) – leg
zum Beispiel – for example
* bekommen – to get
* benützen – to use
der Berg(-e) – mountain
der Bericht(-e) – report
* berühren – to touch
* beschreiben – to describe
   besonders – especially
* bestellen – to order
das Bett(-en) – bed
ein bißchen – a bit
die Bibliothek(-en) – library
das Bild(-er) – picture
ich bin – I am (part of verb:
      sein – to be)
du bist – you are (part of
      verb: sein – to be)
   bis zu – up to
   Bitte schön – please/
      here you are
   Bitte – please

das Blatt(-er) – leaf/sheet
      of paper
   blau – blue
der Blauwal(-e) – blue whale
der Bleistift(-e) – pencil
   blöd – stupid
die Blume(-n) – flower
die Bluse(-n) – blouse
* brauchen – to need
   braun – brown
der Brief(-e) – letter
ich trage eine Brille – I wear glasses
das Brötchen(-) – bread roll
die Brücke(-n) – bridge
der Bruder(-) – brother
das Buch(-er) – book
das Bücherregal(-e) – bookcase
der Buchstabe(-n) – letter of
      the alphabet
das Büffett(-s) – sideboard
   bunt – colourful
das Büro(-s) – office
das Butterbrot(-e) – sandwich

C

die Chips – crisps

D

   Dankeschön – thank you
   dann – then
   Darf ich? – May I?
   das – the (neuter)
   dein/e – your
* denken – to think
   der – the (masculine)
   dich – you
   dick – fat
   die – the (feminine)
   dir – (to) you
   Doppel- – double-
das Dorf(-er) – village
   draußen – outside

die Drogerie(-n) – chemists
du – you
dunkel – dark
Durchschnitt – average
der Durst – thirst
die Dusche(-n) – shower
das Düsenflugzeug(-e) – jet

E

ein/e – a
die Eßecke(-n) – dining area
der Eßtisch(-e) – dining table
die Ecke(-n) – corner
ehrlich – honest
das Ei(-er) – egg
eigen/e – own
Einbau – built in
das Einfamilienhaus(¨er) –
    detached house
* einkaufen – to shop
der Einkaufszettel(-n) –
    shopping list
die Einladung(-en) –
    invitation
** einnehmen/nimmt –
    to take
Einzahl – singular
das Einzelkind(-er) – only child
die Eisdiele(-n) – ice cream
    parlour
die Eisenbahn(-en) – railway
der Elektroherd(-e) – electric
    oven
der Ellenbogen(-) – elbow
die Eltern – parents
die Ente(-n) – duck
Entschuldigen Sie bitte –
    excuse me please
die Erdbeere(-n) – strawberry
das Erdgeschoß – ground floor
Erdkunde – geography
das Ergebnis(-se) – result
* erraten/errät – to guess
Ersatz – spare
erst/e – first
** essen/ißt – to eat
der Eßlöffel(-e) – tablespoon
das Etagenbett(-en) – bunk bed
das Etui(-s) – pencil case
eurer/eure – your

F

das Fach(¨er) – school subject
* einfädeln – to thread
** fahren/fährt – to go; to drive
die Fähre(-n) – ferry
die Fahrkarte(-n) – ticket
falsch – wrong
die Farbe(-n) – colour
der Farbstift(-e) – crayon
die Faschingsmaske(-n) –
    a carnival mask
die Fastnacht/ der Fasching –
    Carnival
* faulenzen – to laze about
* fehlen – to lack
* feiern – to celebrate
die Feiertage – national
    holidays
die Ferien – holiday
ferngesteuert – remote
    controlled
** fern/sehen/sieht – to
    watch t.v.
fertig – ready
die Feuerwehr – the fire brigade
das Feuerwerk(-e) – firework
das Fieber – temperature/fever
der Filzstift(e) – felt tip
die Flasche(n) – bottle
das Fleisch – meat
das Flugzeug(-e) – aeroplane
der Flur(-e) – entrance hall
der Fragebogen(¨) –
    questionnaire
* fragen – to ask
Französisch – French
das Freibad(¨er) – open air
    swimming pool
die Freizeit – free time
** fressen/frißt – to eat
    (animals)
der Friseur(-e) – hair dresser
froh – happy
das Frühstück – breakfast
der Fuß(¨e) – foot
die Fußgängerzone(-n) –
    pedestrian area
* sich fühlen – to feel
* führen – to lead
der Füller(-) – pen
für – for
das Futter – (animal) food

G

gar nicht – not at all
der Garten(¨) – garden
die Gästetoilette(-n) –
    cloakroom
das Gasthaus(¨er) –
    guesthouse
das Gebäude(-) – building
** geben/gibt – to give
der Geburtstag(-e) – birthday
die Gefriertruhe(-n) – freezer
der Gegenstand (¨e) – item/
    thing
* gehen – to go
gelb – yellow
das Geld – money
das Gemüse(-) – vegetables
genauso – just as
genug – enough
geradeaus – straight ahead
gern – like
das Geschäft(-e) – shop
das Geschenk(-e) – present
Geschichte(-n) – history;
    story/tale
geschnitten – cut
die Geschwindigkeit(-en) –
    speed
die Geschwister(-) –
    brothers and sisters
das Gesicht(-er) – face
gestern – yesterday
gesund – healthy
das Getränk(-e) – drink
es gibt – there is/are
glatt – smooth
die Glatze(-n) – bald head
gleich – immediately/
    alike
die Glocke(-n) – bell
das Glück – luck
grau – grey
die Grippe – flu
groß – big
die Größe(-n) – size
die Großmutter(¨) (Oma) –
    grandmother
der Großvater(¨) (Opa) –
    grandfather
grün – green
* gucken – to watch/look
der Gürtel(-) – belt

H

häßlich – ugly
das Haar(-e) – hair
die Haarbürste(-n) – hairbrush
** haben/hat – to have
das Hähnchen(-n) – chicken
halb – half
das Hallenbad(¨er) – indoor
swimming pool
der Hals(¨e) – neck
die Halsschmerzen – sore
throat
der Handschuh(-e) – glove
der Hase(-n) – hare
die Hauptstadt(¨e) – capital city
die Hausaufgaben –
homework
das Haustier(-e) – pet
die Haut(¨e) – skin
das Heft(-e) – exercise book
das Heim – home
* heißen – to be called
heimlich – secretly
das Hemd(-en) – shirt
die Himbeere(-n) – raspberry
das Hochhaus(¨er) – block of
flats
* holen – to fetch
* hören – to listen to
die Hose(-n) – trousers
der Hund(-e) – dog
* husten – to cough
der Hut(¨e) – hat

I

ich – I
ihr/e – her/their
immer – always
Informatik – information
technology
ißt – *see essen*

J

ja – yes
der Jäger(-) – hunter
jeder – every
jemand – someone
jetzt – now
die Jugendherberge(-n) –
youth hostel

K

das Kalb(¨er) – calf
das Kaninchen(-) – rabbit
kaputt – broken
kariert – checked
der Karneval – carnival
die Karte(-n) – card
die Kartoffeln – potatoes
der Käse – cheese
die Katze(-n) – cat
* kaufen – to buy
der Kaugummi(-s) – chewing
gum
kein – no/not a
der Keller(-) – cellar
das Kind(-er) – child
das Kino(-s) – cinema
die Kirche(-n) – church
klasse! – great!
das Klavier(-e) – piano
der Klebestift(-e) – glue stick
das Kleid(-er) – dress
der Kleiderschrank(¨e) –
wardrobe
klein – small
* klingen – to ring;
to sound (like)
die Kneipe(-n) – pub
das Knie(-) – knee
der Knochen(-) – bone
* kochen – to cook
* kommen – to come
die Kommode(-n) – chest of
drawers
die Konditorei(-en) – cake shop
der Kopf(¨e) – head
die Kopfschmerzen – headache
* krachen – to crash
das Krankenhaus(¨er) – hospital
der Krankenwagen(-) –
ambulance
die Kreuzung(-en) – crossing
der Krimi(-s) – detective film
Krimskrams – bits and
pieces
die Küche(-n) – kitchen
der Kuchen(-) – cake
die Kuh(¨e) – cow
der Kühlschrank(¨e) – fridge
der Kuli(-s) – biro
die Kunst(¨e) – art
kurz/e – short
die Küste(-n) – coast

L

* lächeln – to smile
* lachen – to laugh
das Land(¨er) – country
lang/e – long
langsamer – slower
langweilig – boring
der Lastwagen(-) – lorry
** laufen/läuft – to run
die Laune(-n) – mood
das Lebensmittelgeschäft(-e) –
grocers
leer – empty
ich kann ... nicht leiden – I can't
stand ...
** lesen/liest – to read
die Leute – people
lieber – rather
Lieber/Liebe – dear
Lieblings – favourite
lila – lilac coloured
das Lineal(-e)– ruler
links – left
die Lippe(-n) – lip
der Lippenstift(-e) – lipstick
lockig/e – curly
der Löwe(-n) – lion
Wer hat Lust ...? – Who would
like to ...?

M

das Maßband(¨er) – tape
measure
* machen – to make
der Magen(¨) – stomach
die Mähne(-n) – mane
mal – time/s
* malen – to paint/ colour
manchmal – sometimes
die Mannschaft(-en) – team
der Mantel(¨) – coat
die Marmelade – jam
die Maus(¨e) – mouse
das Meer(-e) – sea
das Meerschweinchen(-) –
guinea pig
das Mehl – flour
mehr – more
mehrere – several
die Mehrzahl – plural
mein/e – my
die Meinung(-en) – opinion
meistens – mostly

melken – to milk
jede Menge – a lot
die Metzgerei – butchers
mir – me (I/to me)
der Mitschüler(-) – fellow pupil
mit – with
mittags – at mid-day
das Mittel(-) – remedy
** mögen/mag – to like
möglich – possible
morgens – in the morning
** müssen/muß – to have to
müde – tired
der Müllwagen(-) – refuse lorry
der Mund(¨er) – mouth
die Münze(-n) – coin
die Mutter(¨) (Mutti) – mother
die Mütze(-n) – cap

N

nach – to/after
die Nachrichten – news
nächst/e – next
die Nahrung(-en) – food
die Nase(-n) – nose
** nehmen/nimmt – to take
nein – no
* nennen – to name
nett – nice
nicht – not
nie – never
nimmst – *see nehmen*
nochmal – again
die Nummer(-n) – number

O

der Oberlippenbart(¨e) –
    moustache
das Obst – fruit
öde – deserted
oder – or
das Ohr(-en) – ear
die Oma(-s) – gran
der Onkel(-) – uncle
der Opa(-s) – grandad
der Ortsteil(-e) – district

P

die Palmwedel – palm fronds
die Patrone(-n) – cartridge
das Pferd(-e) – horse
der Pfirsich(-e) – peach
das Pflaster(-) – plaster
der Pickel(-) – spot

die Pistazien – pistachio
die Platte(-n) – record
die Plätzchen – biscuits
der Po(-s) – bottom
die Polizeiwache(-n) – police
    station
die Pommes – chips
eine Prise Salz – a pinch of salt
der Puderzucker – icing sugar
der Pulli(-s) – pullover
* putzen – to clean

R

** radfahren/fährt Rad –
    to ride a bike
der Radiergummi(-s) – eraser
das Rathaus(¨er) – town hall
das Raumschiff(-e) – space ship
rechts – right
regelmäßig – regularly
es regnet – it's raining
die Reißzwecke(-n) – drawing
    pin
das Reihenhaus(¨er) – terrace
    house
das Reisebüro(-s) – travel
    agency
das Rennrad(¨er) – racing bike
richtig – right/correct
riechen – to smell
der Rock(¨e) – skirt
das Roggenbrot(-e) – rye bread
rosa – pink
Rosenmontag – Monday
    before Shrove Tuesday
rot – red
der Rücken(-) – back

S

die Sache(-n) – thing
* sagen – to say
die Sahne – cream
die Salbe(-n) – cream/ointment
* sammeln – to collect
sauber – clean
Schach – chess
der Schal(-s) – scarf
das Schaubild(-er) – graph
die Schere(-n) – scissors
das Schiff(-e) – boat
der Schinken – ham
* schlafen/schläft – to sleep
die Schlange(-n) – snake/
    queue

schlank/e – slim
der Schlips(-e) – tie
das Schloß(¨er) – castle
der Schmerz(-en) – pain
der Schmierzettel(-) – scrap
    paper
schmutzig – dirty
* schneiden – to cut
es schneit – it's snowing
der Schnupfen – a cold
schön – pretty/ nice
* schreiben – to write
die Schublade(-n) – drawer
der Schuh(-e) – shoe
die Schule(-n) – school
* schütteln – to shake
Schulfächer – school
    subjects
die Schulter(-n) – shoulder
die Schüssel(-n) – bowl/dish
* schütteln – to shake
der Schwanz(¨e) – tail
schwarz – black
die Schwester(-n) – sister
die Schwiegermutter(¨) –
    mother–in–law
die Seilbahn(-en) – cable car
sein/e – his
die Seite(-n) – side; page
die Sendung(-en) – programme
die Serie(-n) – series
der Sessel(-) – armchair
sie – she
Sie – you (polite form)
sie sind – they are (part of
    verb: sein – to be)
die Sommersprossen – freckles
die Sonne(-n) – sun
der Sonnenbrand – sunburn
die Sozialwissenschaften
    (Sowi) – social studies
Spaß – fun
spät – late
die Speisekarte(-n) – menu
der Spiegel(-) – mirror
* spielen – to play
das Spiel(-e) – game
spitze! – super! great!
der Spitzer(-) – pencil sharpener
* springen – to jump
die Spüle – sink
die Spülmaschine(-n) –
    dishwasher
die Stadt(¨e) – town

sterben – to die
die Stiefel(-) – boots
der Stift(-e) – pen
das stimmt – that's right
die Straße(-n) – street
die Straßenbahn(-en) – tram
die Strümpfe – socks
die Strumpfhose(-n) – tights
der Stuhl(¨e) – chair
die Stunde(-n) – hour; lesson
der Stundenplan(¨e) –
    timetable
suchen – to look for
die Suppe(-n) – soup

T

der Tag(-e) – day
der Tagesablauf(¨e) – daily
    routine
täglich – daily
die Tankstelle(-n) – petrol
    station
die Tante(-n) – aunt
* tanzen – to dance
die Tasche(-n) – bag
der Taschenrechner(-) –
    calculator
die Taschentücher –
    handkerchiefs
der Teig – dough/pastry
* teilen – to share
die Textilgestaltung –
    needlework/textiles
die Tiefe(-n) – depth
das Tier – animal
der Tisch(-e) – table
toll! – great!
** tragen/trägt – to wear/carry
traurig – sad
Sport treiben – to do sport
die Treppe(-n) – steps
* trinken – to drink
Tschüß! Tschüs! – 'bye
* tun – to do
türkis – turquoise

U

* üben – to practise
über – over/above
die Uhr(-en) – clock
um – at/around
die Umfrage(-n) –
    questionnaire/ survey

und – and
unheimlich gut! – great!
* umwickeln – to wrap
    around
die Unterhose(-n) –
    underpants
unterwegs – on the way

V

der Vater(¨) (Vati) – father
** vergessen/vergißt –
    to forget
* vergleichen – to compare
verpaßt – missed
* verrühren – to stir
* verstehen – to understand
der Versuch(-e) – try;
    experiment
viel – much/many
das Viertel(-) – quarter
der Vogel(¨) – bird
von – from
vor – to (in front of)
der Vorort(-e) – suburb

W

der Wagen(-) – car
während – during
die Wand(¨e) – wall
wann? – when?
warum? – why?
was – what?
was für? – what kind of?
der Waschbär(-en) – raccoon
das Waschbecken(-) –
    washbasin
** waschen/wäscht – to wash
das Wasser – water
Wassermann – aquarius
* weben – to weave
der Webervogel(¨) – weaver bird
das Weibchen(-) – female
weiß – white
ich weiß es nicht – I don't
    know
Weihnachten – Christmas
* weinen – cry
weit – far
welche/r ? – which
der Wellensittich(-e) – budgie
weniger als – less than
wenigstens – at least

wenn – if/ whenever
wer? – who?
wichtig – important
wie? – how?
wie – as
wieviel? – how much?
wie viele? – how many?
wieder – again
wir – we
die Wirtschaftswissenschaft
    (-en) – economics
die Woche(-n) – week
Woher? – Where from?
Wohin? – where to?
wohl – well
* wohnen – to live
der Wohnort(-e) – home
die Wohnung(-en) – flat
der Wohnwagen(-) – caravan
das Wohnzimmer(-) – living
    room
die Wolle – wool
das Wörterbuch(¨er) –
    dictionary
* wünschen – to wish
der Würfel(-) – dice
die Wurst (¨e) – sausage

Z

* zählen – to count
der Zahn(¨e) – tooth
die Zehe(-n) – toe
der Zeichentrickfilm(-e) –
    cartoon
* zeichnen – to draw
* zeigen – to show
die Zeit(-en) – time
die Zeitschrift(-en) – magazine;
    newspaper
die Ziege(-n) – goat
ziemlich – quite; rather
das Zimmer(-) – room
die Zitrone(-n) – lemon
der Zug(¨e) – train
die Zunge(-n) – tongue
zu (zur/zum) – to
der Zwerg(-e) – dwarf
die Zwillinge – twins

Wortschatz ▪ Englisch – Deutsch

Letters in brackets after a noun tell you how to form the plural of a word.
    For example: ein Buch/zwei Bücher
(adj) means the word is an adjective and will sometimes need a special ending to agree with the noun.
* indicates the word is the infinitive of a verb.
The Ichform is given as well and if the word is irregular the Erform is given too.

A

after – nach
in the afternoon – nachmittags
I am – ich bin
we are – wir sind
How are you? – Wie geht es Dir?
Are you ...? –
    Bist Du ...?
    Sind Sie ...?

B

bad (adj) – schlecht
big (adj) – groß
my birthday – mein Geburtstag(-e)
a birthday card – eine Geburtstagskarte(-n)
a book – ein Buch(¨-er)
I have bought a ... – ich habe ... gekauft
a boy – ein/en Junge(-n)
I have a brother – ich habe einen Bruder(¨)
* to buy – kaufen; ich kaufe

C

I am called – ich heiße
I can – ich kann
    Can you? – Kannst Du?
a car – ein Auto(-s)
I have a cat – ich habe eine Katze
a child – ein Kind(-er)
at Christmas – zu Weihnachten
on the coast – an der Küste(-n)
cold (adj) – kalt
in the country – auf dem Land

D

Dear John! – Lieber John!
Dear Mary! – Liebe Mary!
* to do – machen; ich mache
I have a dog – ich habe einen Hund(-e)
a door – eine Tür(-en)
* to drink – trinken; ich trinke

E

* to eat – essen; ich esse; er ißt
in the evening – abends
this evening – heute Abend
excuse me –
    Entschuldigung
    Entschuldigen Sie bitte.

F

far – weit
fat (adj) – dick
my father – mein Vater(¨)
favourite ... – Lieblings...
food – das Essen(-)
for – für
a friend (m) – ein/en Freund (e)
a friend (f) – eine Freundin(-en)
* to fly – fliegen; ich fliege
Have fun! – Viel Spaß!

G

a game – ein Spiel(-e)
in the garden – im Garten(¨)
* to get – bekommen; ich bekomme ...

*

* to go – gehen; ich gehe (on foot)
    – fahren; ich fahre; er fährt (on wheels)
I got a ... – Ich habe ein/e/en ... bekommen

H

he/she/it has – er/sie/es hat
* to have – haben; ich habe
I haven't a – ich habe kein/e/en
Have you got a ...? – Hast Du/Haben Sie ein/e/en ...?
he – er
her – sie
to her – ihr
her book (adj) – ihr Buch(¨-er)
him – ihn
to him – ihm
his book (adj) – sein Buch(¨-er)
at home – zu Hause
(to) home – nach Hause
homework – Hausaufgaben
in the holidays – in den Ferien(-)
a horse – ein Pferd(-e)
hot (adj) – heiß
a house – ein Haus(¨-er)
How? – Wie?
How are you? – Wie geht es Dir?
How do you like ...? – Wie findest Du?
How many? – Wie viele?
How much? – Wieviel?

I

ill – krank
in – in/im
in front of – vor
in the picture –
    auf dem Bild(-er)
is – ist

K

* to know – wissen; ich weiß
I don't know – ich weiß (es) nicht

L

last (adj) – letzte/r
a letter – ein/en Brief(-e)
* to live – wohnen; ich wohne
I like (playing) – ich
    spiele gern
Do you like ...? – Spielst Du
    gern ...?
I like (eating) – ich esse
    gern
Do you like ...? – Ißt Du gern ...?
* to listen to – hören;
    ich höre
I would like – ich möchte
* to live – wohnen; ich wohne
long (adj) – lang
I am looking forward to –
    Ich freue mich auf...

M

a magazine – eine
    Zeitschrift(-en)
me – mich
to me – mir
in the morning – vormittags
tomorrow morning – morgen
    Vormittag
Miss – Frau/Fräulein
my mother – meine Mutter(-)
Mr – Herr
Mrs – Frau
my – mein/e/en

N

my name – mein Name(-n)
next to – neben
        in der Nähe von
new (adj) – neu
next (adj) – nächste/n
nice (adj) – schön
good night – gute Nacht

O

old (adj) – alt
on the wall –
    an der Wand(-e)
on the table –
    auf dem Tisch(-e)

P

pardon? – Wie bitte?
my parents – meine Eltern
a pet – ein Haustier(-e)
a picture – ein Bild(-er)
* to play – spielen; ich spiele
please – bitte
a present – ein
    Geschenk(-e)

Q

quite – ganz/ziemlich

R

it is raining – es regnet
* to read – lesen; ich lese
* to ride a bike – radfahren;
    ich fahre Rad
* to ride a horse – reiten;
    ich reite
a room – ein Zimmer(-)

S

* to send – schicken; ich
    schicke
she – sie
short (adj) – kurz
I have a sister – ich habe eine
    Schwester(-n)
more slowly – langsamer
small (adj) – klein
snow – der Schnee
it is snowing – es schneit
soon – bald
I'm sorry – es tut mir leid
* to speak – sprechen; ich
    spreche; er spricht
the sun – die Sonne(-n)
sunny – sonnig
* to swim – schwimmen;
    ich schwimme

T

a table – ein/en Tisch(-e)
thank you – Danke
    schön
many thanks – vielen Dank

(continued)

there is/are – es gibt
Is there? – Gibt es?
they – sie
thin (adj) – schlank
to – zu
today – heute
tomorrow – morgen
too – zu
in the town – in der Stadt(-e)

U

under – unter
* to understand – verstehen;
    ich verstehe

V

in a village – in einem
    Dorf(-er)

W

I was – ich war
it was – es war
* to watch television –
    fernsehen;
    ich sehe fern
we – wir
the weather – das Wetter
a week – eine Woche(-n)
I went to town – ich bin
    in die Stadt(-e)
    gegangen
What? – Was?
Where? – Wo?
Who? – Wer?
Why? – Warum?
with – mit
without – ohne
I would like – ich möchte
* to write – schreiben;
    ich schreibe

Y

yesterday – gestern
you – Du/Sie
to you – Dir
young (adj) – jung
your (adj) – Dein/e/en

Du Dir Dein **have been given
with a capital letter for use in
letter writing.**

Aufforderungen ▪ Instructions

Arbeitet in Gruppen!	Work in groups!
Zum Auswendiglernen	To learn by heart
Bausteine	Building bricks
Beispiel	Example
Beschreibe dich!	Describe yourself
Beschrifte!	Label
Bilde/bildet Paare!	Make pairs
Bildsprache	Picture language
Bringe ... in die richtige Reihenfolge!	Put them in the right order
Errichte eine Datenbank um die Klassendaten zu speichern!	Make a data bank to store class information.
Falsch oder richtig?	False or true?
Finde jemanden ...	Find someone ...
Frage und Antwort	Question and answer
Führt die Befehle aus!	Carry out the instructions!
Füll die Sprechblasen aus!	Fill in the speech bubbles.
Füll die Lücken aus !	Fill in the blanks
Das Gedicht	Poem
Gruppenspiel	Group game
Hast du .../ Haben Sie...?	Have you got ...?
Hör zu und wiederhole!	Listen and repeat!
Ihr müßt herumgehen...	Go round (the class)
In die richtige Spalte	In the right column
Jetzt bist du dran!	Now it's your turn!
Kannst du den Plan ausfüllen/beschriften?	Can you fill in/label the plan?
Kannst du sie beschreiben?	Can you describe them?
Könnt ihr weitermachen?	Can you go on ...?
Könnt ihr die Wörter den Sprachen zuordnen?	Can you match the words with the languages?
Könnt ihr die Sätze verbessern?	Can you improve the sentences?
Lerntip	Learning hint

Lernzielkontrolle	Check–list
Lies und hör zu!	Read and listen!
Lies eine Zahl vor!	Read a number out
Mach eine Umfrage!	Carry out a survey
Mit der Stoppuhr	Against the stop-watch
Namenspiel	Name game
Nützliche Redewendungen	Useful phrases
Ordne/t die Bilder den Wörtern zu!	Match up the pictures with the words!
Partnerspiel	Paired activity
Rate mal!	Guess!
Satzbildung	Sentence building
Schreib einen Bericht!	Write a report
Schreib die Fragen ab und beantworte sie!	Copy the questions and answer them
Schreib eine Liste!	Write a list!
Schreib Andreas Stammbaum ab und füll ihn aus!	Copy Andreas Stammbaum's family tree and fill it in.
Schreib auf!	Write down
Schreib ab und füll aus!	Copy and fill in!
Schreib die Ergebnisse auf!	Write up your results
Schriftlich	Written
Singt mit!	Sing–a–long.
Spaß mit Zahlen	Fun with numbers
Spielt in Gruppen!	Play in groups
Sprachtips	Language hints
Stell dir vor!	Imagine
Stellt euch gegenseitig Aufgaben!	Put questions to each other
Stimmt das?	Is that right?
Streckt die Zunge raus!	Stick your tongue out
Tippfehler	Typing mistakes
Trag die Wörter in die richtige Spalte ein!	Put the words in the right column
Übe die Dialoge!	Practise the dialogue
Überlegt euch weitere Beispiele!	Think of some more examples
Übertrage die Tabelle auf einen Zettel (auf eine Diskette)!	Copy the table onto a sheet of paper or onto a diskette
Vergleicht eure Ergebnisse!	Compare your results
Verschlüsselt schreiben!	Write in code

Vervollständige den Text!	Complete the text
Wähle ein Foto aus!	Choose one picture
Was würdest du sagen?	What would you say?
Was hat Silke vergessen?	What has Silke forgotten?
Was machen sie gern?	What do they like doing?
Was weißt du?	What do you know?
Was für ... haben sie?	What kind of ... have they got?
Was bestellen sie?	What are they ordering?
Was gibt es ... ?	What is there ...?
Was meint ihr?	What do you think..?
Was ist für euch wichtig?	What is important for you?
Was machen sie gern?	What do they like doing?
Was gehört nicht hierher?	What doesn't belong here?
Was ist mit ihnen los?	What is wrong with them?
Weiterspielen!	Play on!
Welche Buchstaben fehlen?	Which letters are missing?
Welchen Tag haben wir heute?	What day is it today?
Wer spricht?	Who is speaking?
Wer bin ich?	Who am I?
Wiederhole!	Repeat!
Wiederholung!	Revision!
Wie siehst du aus?	What do you look like?
Wie viele ...?	How many ...?
Wie findest du .... ?	What do you think of ...?
Wie heißen ... auf englisch?	What is the English for ...?
Wie spät ist es?	How late is it/What time is it?
Wie gut kennt ihr ihn/sie?	How well do you know him/her?
Wo gehören sie hin?	Where do they belong?
Wo wohnst du?	Where do you live?
Wohin wollen sie?	Where do they want to go (to)?
Wortfamilien	Families of words
Zeichne ... ab!	Copy ...
Zeichne ein Schaubild!	Draw a graph
Zieht euch an den Haaren!	Pull your hair
Zu Hause	At home (homework)
Zwischentest	In-between test

Spickzettel ▪ Cheat sheet

Ich verstehe nicht	I don't understand
Wie heißt das auf deutsch?	How do you say it in German?
Wie heißt das auf englisch?	How do you say it in English?
Wie schreibt man das?	How do you write/spell it?
Wie bitte?	Pardon?
Langsamer!	Slower!
Sprechen Sie bitte langsamer!	Please speak more slowly!
Nochmal!	Again!
Ich habe keinen .../keine.../ kein...	I haven't a ...
Hast du/Haben Sie einen/eine/ein... ?	Have you a ...?
Entschuldigen Sie bitte ...	Excuse me ...
Das tut mir leid	I'm sorry
Verzeihung!	Sorry! Pardon!
Ich weiß es nicht	I don't know (it).
Können Sie mir/uns helfen?	Can you help me/us?
Darf ich aufs Klo?	May I go to the toilet?
Bitte!	Please!
Danke!	Thank you!
Vielen Dank!	Many thanks!

Acknowledgements

The authors would like to thank Herr Stein and the pupils of the Fritz-Steinhoff-Gesamtschule, Hagen, for their help in the making of this course.

The authors and publishers would like to thank the following for permission to reproduce copyright material:

Deutsche Angestellten-Krankenkasse Presse und Offentlichkeitsarbeit for the poems by Maria Mackenroth on p. 95; **Diogenes Verlag**, Zürich, for the three poems on p. 89 from 'Das grosse Buch der Kinderreime'; **Ottifant Productions GmbH** for the three cartoons on p. 41, p. 91 and p. 95 from 'Das Taschenbuch der Ottifanten', Wilhelm Heyne Verlag, München.

Photographs were provided by: **Ace Photo Agency** p. 100 girl playing in a pen with coloured balls; **Barnaby's Picture Library** p. 73; **J. Allan Cash Ltd** pp. 76–7 nos 1, 12, p. 100 Hong Kong: boy sleeping, Sumatra: little boy laughing, little boy crying with kitten; **Greg Evans Photo Library** p. 76 no.2, p. 78, p. 80, p. 90 village in mountains; **Philip Parkhouse** p. 4 (Anna, Andrea, Martin, Jutta), p. 17, p. 19, p. 22 b, c, d, p. 35 no. 3, p. 40 nos 3, 4, p. 63, p. 66 pp. 68–9, p. 102, p. 109 boy with glasses, girl against mural; **Sally and Richard Greenhill** p. 6 two mug shots, p. 100 China: girl eating; **Robert Harding Picture Library** p. 90 Hannover: aerial view; **Image Bank** p. 100 baby in bath; **Impact** p. 77 no.8 (John Cole), p. 100 girl playing chess (Tim Fisher), boy drinking from two glasses (Steve Benbow); Rosi McNab p. 6 school photo; **Olga Vitale** p. 76 nos 3, 4, 5, 6, 7 p. 77 nos 9, 10, 11, 13, 14; **Zefa** p. 22 a, p. 31, p. 35 nos 1, 2, 4, 5, p. 40 nos 2, 5, 6, p. 50, p. 90 village in farmland, beach scene, view of Rothenburg, view of Baden-Württemberg, p. 109 blond boy outdoors, girl listening to Walkman. Remaining photographs are by Heinemann Educational Books. Many thanks to the European school, Culham, Abingdon for granting us permission to photograph pupils.